기
도
는
나
의
생
명
줄
입
니
다

기도
인생

기도는 나의
생명줄입니다

기도
인생

지은이 | 류태영
초판 발행 | 2010년 3월 22일
33쇄 발행 | 2025. 4. 12
등록번호 | 제3-203호
등록된 곳 | 서울특별시 용산구 서빙고동 95번지
발행처 | 사단법인 두란노서원
영업부 | 2078-3333 FAX 080-749-3705
출판부 | 2078-3477

책 값은 뒤표지에 있습니다.
ISBN 978-89-531-1332-9 03230

편집부에서 독자의 의견을 기다립니다.
tpress@duranno.com   http://www.Duranno.com

두란노서원은 바울 사도가 3차 전도여행 때 에베소에서 성령 받은 제자들을 따로 세워 하나님의 말씀으로 양육하던 장소입니다. 사도행전 19장 8-20절의 정신에 따라 첫째 목회자를 돕는 사역과 평신도를 훈련시키는 사역, 둘째 세계선교(TIM)와 문서선교(단행본·잡지) 사역, 셋째 예수문화 및 경배와 찬양 사역, 그리고 가정·상담 사역 등을 감당하고 있습니다. 1980년 12월 22일에 창립된 두란노서원은 주님 오실 때까지 이 사역들을 계속할 것입니다.

기
도
는
나
의
생
명
줄
입
니
다

기도
인생

류태영
지음

두란노

| 머리말 |

기도는
나의 생명줄

내 인생에서 기도를 뺀다면 '쭉정이 인생', '껍데기 인생'이라고 해도 과언이 아닐 것이다. 기도는 내 인생의 핵심이자, 내가 살아갈 수 있도록 하나님과 연결된 유일한 생명줄이다. 내가 이토록 기도를 목숨처럼 여기게 된 것은 나의 공로가 아니라 오직 하나님의 은혜다.

나는 시골길에 굴러다니는 이름 없는 돌멩이처럼 보잘것없는 존재였다. 깊은 산골 마을에서 땅 한 평 없이 찢어지게 가난한 집의 다섯 째 아들로 태어나 눈만 뜨면 산으로 들로 나가 농사일을 도와야 했다. 그럼에도 하나님은 나를 어여삐 여겨 마치 핀셋으로 집듯 나를 콕 집어 하나님의 전(殿)인 교회로 인도하셨다. 하나님은 나와 대화를 하고 싶으셨던 모양이다. 특히 나의 마음이 세상 것과 접하기 전인 새벽에 나를 만나기 원하셨다. 나는 하나님의 효자가 되어 아무도 가르지 않은 새벽 공기를 가르며 기쁜 마음으로 하나님의 전으로 향했다.

"순종이 제사보다 낫다"는 말씀 그대로, 하나님은 눈이 오나 비가 오나 한 번도 거르지 않고 새벽마다 당신을 찾는 나에게 손수 가정교사가 되셔서 신실하게 내 인생을 지도해 주셨다. 하나님이 내 인생의 멘토시니 두려울 것이 무엇이겠는가? 고난과 역경을 겪은 것으로 치면 둘째가라면 서러울 나였지만 기도할 수 있기에 그 어떠한 파도도 두렵지 않았다.

그렇다면 하나님이 편애하셔서 나만 보호하고 인도해 주시는 걸까? 내가 부자여서 과외비를 많이 드릴 것 같아서 가정교사가 되어 주신 걸까? 아니다. 사람은 편애하지만 하나님은 편애를 모르신다. 오늘도 하나님은 여러분과 대화를 나누기 원하신다. 여러분의 인생을 지도하기 원하신다. 사랑하기 때문이다. 여러분이 하나님의 인도하심을 받지 못하고 있다면 그것은 여러분이 하나님의 음성을 못 듣거나 외면하기 때문이다.

내가 이 책을 쓴 것은 내가 만난 하나님을 여러분도 만나기를 원하기 때문이며, 내가 경험한 기도의 세계를 여러분도 경험하기를 바라기 때문이다. 아울러 나라와 민족을 위해 기도하고, 사회와 가정 그리고 무엇보다 하나님의 영광을 위하여 항상 쉬지 않고 기도하는 가운데 은혜와 진리가 충만한 인생을 살기 원하기 때문이다.

글을 쓰다 보니 이미 10년 전에 출간하여 많은 독자의 사랑을 받은 자전적 에세이집이며 신앙 간증서인 《언제까지나 나는 꿈꾸는 청년이고 싶다》에 실린 내용과 중복되는 것을 피할 수 없었음을 밝혀 둔다. 하지만 그 초점을 기도에 두었기에 또 다른 은혜와 감동으로 다가갈 줄 믿는다.

1963년 1월 14일 나의 일기장엔 다음과 같은 글이 씌어 있다.

네 눈빛이 흐려질 땐 기도하라.
네 마음이 흐려질 땐 찬송하라.
이것이 네 인생의 첩경이다.

이 책이 나오기까지 수고를 아끼지 않은 두란노서원의 관계자 분들에게 이 자리를 빌려 진심으로 감사드린다.

2010년 3월을 맞으며
류태영

목차

머리말   4

第 1 部
내 인생의 첫 번째 기도

어머니 등에 업혀 처음 간 교회	12
새벽길을 달리는 소년	15
주일학교에서 배운 5가지 기도	27
어머니가 보여 주신 기도의 본	35

第 2 部
삶 속에서 가까워진 기도

나에게 따뜻한 담요가 되어 주신 하나님	52
하나님은 나의 가정교사	58
열여덟 늦깎이 중학생이 되다	62
새벽종을 치며 하나님과 온전히 교감하다	72

第 3 部
꿈을 위한 기도를 쉬지 않다

고등학교 입학을 위한 칠전팔기 기도	80
"하겠습니다"의 신앙	94
기도, 감사, 꿈의 삼박자	99
마침내 정식 기도학교에 입학하다	103

第 4 部
산을 옮기는 기도

새 역사를 위해 덴마크 땅을 밟다 110
덴마크어를 익힌 기적의 학습법 118
나의 꿈의 지경을 넓히다 129
방언처럼 터진 히브리어 138

第 5 部
기도의 힘을 전하다

스릴만점의 학술발표 146
150년 된 런던 교회에 서다 157
대표기도의 원칙 163

第 6 部
기도한 것 이상으로 들어주시는 하나님

아내의 끈질긴 기도숙제 172
농촌을 향한 나의 꿈을 펼치다 181
셀 수 없는 하나님의 선물 189
바쁠수록, 힘들수록, 빌사일삼 198

"기도는 전지전능하신 하나님을 만나서 자신의 소원을 이야기하는 거란다." 그 말을 듣자 나는 깜짝 놀랐다. 전도사님은 하나님이 하늘과 땅을 만드셨고 나도 만드셨다고 했는데. 기도가 그 대단하신 하나님을 만나서 소원을 말하는 것이라니 믿어지지가 않았다. 무슨 방법으로 하나님을 만나 까막눈인 나의 소원을 이야기할 수 있는 것인지 가슴이 콩닥콩닥 뛰었다. 사방천지 둘러봐야 산밖에 보이지 않던 시골 소년이었기에 그 말은 실로 충격적이고 엄청난 것이었다.

第 1 部

내 인생의 첫 번째 기도

교회 처음 간 어머니 등에 업혀

어머니에게 나는 참 각별한 아들이었다. 전라북도 임실 관촌면에 있는 외할머니 댁에서 태어나 청웅면에서 자란 나는 우리 집안에서는 처음으로 초등학교에 들어갔다. 나는 8남매 중 다섯째였는데, 위로 형 둘과 누나 둘은 초등학교 근처에도 못 가보고 눈만 뜨면 들로 나가 나무를 하고 농사일을 거들어야 했다. 아버지는 젊었을 때부터 남의 집 머슴으로 20여 년간 사셨다. 사방이 산으로 둘러싸인 깊은 산골 마을에서 우리 집이 경작할 땅이라

곧 단 한 평도 없었다. 정말로 찢어지게 가난한 집의 아들이었으나 부모님은 언제나 나를 사랑하고 아껴 주셨고, 그 따뜻한 정을 지금까지 느끼며 살고 있다.

내 인생에서 가장 소중히 간직하고 있는 기억 하나는 어렸을 적 어머니의 등에 업혀 교회에 갔던 일이다. 외갓집 동네인 관촌에서 잠시 살았을 때, 어머니는 이모할머니를 따라 나를 업고 교회에 자주 가셨다. 그때 다섯 살배기였던 나는 태어나서 처음으로 교회라는 곳에 갔다. 가는 내내 코끝으로 전해 오던 어머니의 진진한 땀 냄새가 지금도 아릿하게 전해져 오는 것 같다. 어머니는 칠흑 같은 어둠 속을 뚫고 교회에 가셨고, 나는 그 어둠이 전혀 무섭지 않았다. 그만큼 어머니의 등은 무척이나 따뜻하고 포근했다.

어머니의 인도로 그 교회에 나가기 시작한 것이 내 신앙생활의 시작이 되었고, 교회에 나간 첫날 조요셉 전도사님의 인도로 드린 기도가 내 인생의 첫 번째 기도가 되었다.

내가 처음 갔던 교회는 성탄절 예배 주간이었는지 크리스마스트리가 있었다. 강단 양 옆에 세워 놓은 두 그루의 작은 소나무 가지에 뭉텅뭉텅 뜯어 얹은 솜뭉치들이 장식되어 있었는데 꼭 하얀 눈이 쌓인 듯했고, 빨간 사과도 주렁주렁 매달려 있었다.

나는 어머니 품에 안겨 교회당 맨 앞줄 마룻바닥에서 예배를 드렸다. 마을 전체에 전기가 들어오기 전이라 교회당은 석유램

프를 켜놓았다. 주변에 누가 있는지, 교회 안이 어떻게 생겼는지 알 수 없을 정도로 어두컴컴했다. 그런데 갑자기 사람들이 눈을 감고 뭔가 중얼거리기 시작했다. 옆에 앉아 있는 어머니도 뭔가 소리를 내고 있었다. 나는 사람들이 눈을 감고 있는 동안 벌떡 일어나 크리스마스트리에 달려 있는 빨간 사과를 따가지고 왔다. 그러자 어머니가 나를 품에 껴안으시고는 맘대로 돌아다니지 못하게 꼭 붙드셨다. 지금도 그 어머니의 품이 생생하게 기억난다.

그 후 얼마 안 있어 우리 가족은 청웅으로 이사 가서 오두막집에서 함께 살았다. 청웅에서 산 지 10여 년이 흘러 1945년 해방을 맞이했고, 내가 청웅공립국민학교(현재 초등학교) 5학년 때 청웅에 개척교회가 세워졌다. 어머니의 인도로 그 교회에 나가기 시작한 것이 내 신앙생활의 시작이었고, 교회에 나간 첫날 조요셉 전도사님의 인도로 드린 기도가 내 인생의 첫 번째 기도였다.

소년 달리는 새벽길을

"자, 무릎 꿇고, 손 모으고, 고개 숙여 봐! 그리고 눈을 감는 거야!"

전도사님이 기도할 때마다 우리에게 하신 말씀이다. 지금의 내가 있을 수 있는 것도 어쩌면 어릴 적에 받은 기도에 대한 가르침 때문일 것이다. 조요셉 전도사님은 초가집 방에서 개척교회를 시작하셨고, 그분이 가르쳐 주신 기도는 잘 씻지도 먹지도 못하던 가난한 동네 꼬마인 내게 지대한 영향을 끼쳤다.

열대여섯 명의 아이들과 같이 다니던 주일학교에서 우리는 늘 전도사님의 인도 아래 함께 기도드렸다. 교회가 어떤 곳인지도 모르고 온 아이들을 전도사님은 교사 한 명 없이 일일이 지도해 주셨다. 기도를 어떻게 해야 하는지, 예배는 어떻게 드려야 하는지, 하나님이 누구신지에 대한 낯설고 신기한 것들을 엄숙하면서도 재미있게 가르쳐 주셨다.

　특히 나는 교회 일이라면 만사 제치고 나서시는 어머니 덕분에 전도사님과 가깝게 지낼 일이 많았다. 어머니는 전도사님을 마치 하나님을 대하는 것처럼 지극정성으로 대접하고 섬기셨다. 쌀 한 톨 없을 때가 많은 가난한 집이었지만 품삯으로 받은 곡식이 있을 때면 조금씩 아껴 두었다가 전도사님 댁에 갖다 드리라고 나를 보내곤 하셨다. 집안일뿐 아니라 교회에 관한 모든 심부름은 내 몫이었는데, 그 때문에 동네 어른들은 나를 '방울쇠'라 부르기도 하며 많은 일을 시키셨다. 그런데 이상하게도 나는 싫다며 뒷걸음질치기보다는 즐거운 마음으로 한걸음에 달려갔다.

　허기를 채우고 돌아서면 배가 고프고 눈뜨기가 무섭게 농사일을 거들어야 했지만 교회에만 가면 딴 세상에 있는 기분이 들었다. 배고픈 것도, 농사일도 까맣게 잊을 수 있다는 사실이 신기하기만 했다. 특히 전도사님이 가르쳐 주신 기도 때문에 더 그랬다.

당시 우리 교회 벽에는 그림 하나가 걸려 있었는데, 노란 머리의 예쁜 서양 남자아이가 무릎을 꿇고 기도하는 모습이었다. 전도사님은 그 기도하는 아이를 가리키면서 우리에게 늘 말씀하셨다.

"자, 잘 들어 보렴. 기도는 저 아이처럼 무릎을 꿇고 두 손을 모으고 눈을 감고 하는 거란다."

생각해 보면, 아이들이 눈을 감을 때는 잠들기 전이나 술래놀이를 할 때 말고는 거의 없었다. 호기심이 많던 나는 실눈을 뜨고 아이들이 정말 전도사님 말씀대로 눈을 감는지 확인해 보고 싶었다. 그런데 공교롭게도 눈을 뜬 아이는 나뿐이었다. 흠칫 놀란 나는 얼른 눈을 질끈 감았다. 잠시 후 전도사님이 조용한 목소리로 입을 열었다.

"지금부터 내가 하는 기도를 그대로 따라하면 돼. 천천히 할 테니까 잘 따라하렴."

전도사님의 낭랑한 목소리는 지금도 또렷한데 무슨 말을 따라했는지는 잘 기억나지 않는다. 하지만 그때는 우리 모두 한목소리로 합창하듯 전도사님이 하는 말을 잘도 따라 했다. 전도사님은 아주 천천히, 알아듣기 쉬운 말로 기도를 인도했다. 그로부터 두어 달 지났을까, 어느 날 전도사님이 우리를 앞혀 놓고 이런 질문을 하셨다.

"너희들은 기도가 뭐라고 생각하니?"

"기도가 기도지 뭐예요?"

전도사님의 질문이 무슨 뜻인지도 모르고 우리는 철없는 대답을 했다. 그런데도 전도사님은 사뭇 진지한 목소리로 잘 들으라고 당부하며 말을 이어가셨다. 순간 내 귀가 쫑긋해졌다.

"기도는 전지전능하신 하나님을 만나서 자신의 소원을 이야기하는 거란다."

그 말을 듣자 나는 깜짝 놀랐다. 전도사님은 하나님이 하늘과 땅을 만드셨고 나도 만드셨다고 했는데, 기도가 그 대단하신 하나님을 만나서 소원을 말하는 것이라니 믿어지지가 않았다. 무슨 방법으로 하나님을 만나 까막눈인 나의 소원을 이야기할 수 있는 것인지 가슴이 콩닥콩닥 뛰었다. 사방천지 둘러봐야 산밖에 보이지 않던 시골 소년이었기에 그 말은 실로 충격적이고 엄청난 것이었다. 마음을 가다듬고 전도사님이 가르쳐 준 대로 기도했다. 돌이켜 보면, 그때 기도에 대한 가장 중요한 사실을 배웠다는 생각이 든다. 내가 기도하는 대상이 누구인지, 무엇을 말해야 하는지를 배웠으니 말이다.

그 이야기를 듣고 나서부터 나는 하루 종일 마음이 바빴다. 걸어가면서도 기도하고, 누워서도 기도하면서 내 소원을 끊임없이 하나님께 말씀드렸던 것이다.

전도사님은 나중에 기도에 대해 좀 더 구체적이면서 중요한 두 가지 사실을 가르쳐 주셨다.

"기도는 반드시 무릎을 꿇고 눈을 감아야 하는 것은 아니란다."
나는 의아했다.
'어, 이상하다. 저번에는 무릎 꿇고 손을 모은 다음 눈을 감고 하라고 하셨는데….'
전도사님의 말씀은 이러했다.
"기도는 눈을 뜨고도 할 수 있고, 서서도 할 수 있고, 걸어가면서도 할 수 있고, 누워서도 할 수 있어."

나는 늘 기도란 교회 예배당에서 드리는 거라고 생각했다. 어떻게 누워서도 기도를 할 수 있다는 말인가. 또 그 당시만 해도 집안에서 아버지의 권위는 대단했는데 아버지께서 집에 들어오시는 기척만 나도 나뭇가지로 엮어 만든 사립문으로 달려 나가 인사를 해야 했다. 아버지가 들어오시는데 가만히 누워 있는 일은 있을 수도 없었다. 집안의 어른인 아버지의 한마디는 그야말로 하나님의 말씀과도 같았다. 아버지에게도 그러했는데 감히 하나님께 드러누워서 기도해도 된다는 것이 도무지 이해되지 않았다. 나는 궁금한 것을 참지 못하고 전도사님께 물었다.

"전도사님, 아버지가 들어오셔도 누워서 인사하면 안 되는데, 어떻게 전지전능하신 하나님께 소원을 말씀드리는 기도를 누워서 할 수 있어요?"

그랬더니 전도사님이 빙그레 웃으시면서 교회 근처에 살던 어떤 사람에 대해 이야기해 주셨다.

"고혈압으로 쓰러져 수개월 동안 하루 종일 누워 있어야 하는 분이 있단다. 그분은 혼자서는 움직이지도 못하고 밥도 먹여 주어야 먹을 수 있지. 대소변도 누워서 봐야 하고. 그렇다면 그분은 기도를 못할까? 아니란다. 온종일 누워 있어도 기도할 수 있고, 하나님은 그런 분의 기도를 기쁘게 받으신단다."

그 이야기를 듣고 나서부터 나는 마음이 바빴다. 걸어가면서도 기도하고, 누워서도 기도하면서 내 소원을 끊임없이 하나님께 말씀드렸던 것이다. 아버지가 집에 오시면 잔뜩 긴장하는 것처럼 기도도 그렇게 경직되어 하는 줄 알았던 나는 전도사님의 말씀을 들은 이후 처음으로 신비로운 기도의 세계를 알게 되었다. 그리고 나의 마음에 아로새겨져 지금까지 삶과 밀착된 기도를 드리고 있다.

기도에 관한 전도사님의 이야기는 거기서 끝이 아니었다. 전도사님은 이런 말씀도 하셨다.

"성경에 보면, '내 집은 기도하는 집'이라고 하나님께서 말씀하셨단다. 모든 기도가 중요하지만 가장 좋은 기도는 새벽에 교회에 나와서 하는 거란다."

이 말씀에 나는 어린 나이에도 불구하고 기도의 매력에 푹 빠져들었다. 전도사님의 말씀이라면 두 번도 생각 안 하고 그대로 따랐던 나는 당장 기도를 실천으로 옮겼다. 그 다음날부터 바로 새벽기도를 시작한 것이다. 그날 이후부터 나는 단순 반복 생활을 하던 청소년 시절까지 단 한 번도 새벽기도를 빠뜨리지 않았다. 아침잠이 많았는데도 새벽이면 벌떡벌떡 일어나 교회로 달려가 기도했다. 전도사님이 강요한 것도 아니었고, 어머니가 나를 흔들어 깨워 데려가신 것도 아니었다. 순전히 내 마음과 몸이 새벽기도를 원했다. 전적으로 하나님께서 그 마음을 주셨고, 나를 깨워 주셨기에 가능한 일이었다.

장관이나 대통령 면회도 하늘의 별 따기인데, 하물며 전지전능하신 하나님을 만날 수 있는 일을 어찌 게을리할 수 있겠는가. 나는 새벽기도에 나가 하나님께 소원을 말씀드리는 일을 단 하루도 거를 수가 없었다.

당시 새벽기도는 지금과는 사뭇 다른 분위기였다. 지금은 새벽기도회에서 목사님의 말씀을 듣는 시간이 있지만, 그때는 특정한 순서 없이 개인 기도만 했다. 각자 시간에 맞춰 교회에 가서 기도하고 돌아오면 그만이었다. 나는 누가 새벽기도에 오는지, 무슨 기도를 드리는지는 전혀 관심이 없었다. 그저 매일매일 교회에 가서 조용한 새벽에 나의 작은 소원들을 하나님께 조곤조곤 말씀드리고 집으로 돌아왔다. 그것이 나의 새벽기도였다.

이때 배운 기도가 나의 평생의 기도 스타일이 되었다. 기도 잘하는 법 같은 건 몰랐다. 그저 하나님께 소원을 이야기하는 것이라는 전도사님의 그 말씀 한마디가 내 기도의 모습을 갖추게 하는 뼈대이자 핵심이었다. 전도사님에게 배운 기도생활을 통해 깨달은 것이 있다면, 무엇이든 원칙과 핵심에서 벗어나지 않을 때 하나님께서 그 중심을 보시고 생각지 못한 많은 복과 은혜를 주신다는 사실이다. 안타깝게도 어린 시절 나의 영적 스승이셨던 조요셉 전도사님은 6·25 전쟁 때 공산군의 공개인민재판을 통해 예수쟁이라는 죄명으로 처형되어 순교당하셨다. 하지만 그분이 내 마음속에 심어 준 기도의 원칙은 지금도 내 기도생활을 지탱하는 힘이 되고 있다.

어린 시절 새벽기도를 다니면서 재미있는 일들도 참 많았다. 그중 가장 기억에 남는 사건이 있다. 그 당시는 온 나라가 일제 치하와 기근으로 사는 것이 힘들던 때였다. 하지만 내가 살던 청웅면은 너무나 외진 산골마을이어서 전쟁이나 기근 때문에 힘든 것이 아니라 생활 자체가 힘겹고 어려웠다. 전기도 들어오지 않아 우리 동네에서는 관솔로 불을 밝혔다. 관솔은 소나무에서 잘린 가지에 소나무 진이 뭉쳐 있는 부분인데, 송진은 끈적끈적한 액으로 굳으면 누르스름한 황갈색이 된다. 그 관솔을 쪼개어 옹기 밥그릇에 재를 조금 넣고 그 위에 관솔을 넣고 태우면 연기를 뿜으며 불이 타올랐다. 그 연기가 어찌나 까맣던지 다음날 아침에 보면 코 속에 검은 찌끼가 그득했다.

불 하나 밝히기도 힘들었고, 하루 한 끼 먹고살기도 버거운 때였다. 그렇다 보니 사람들은 자연의 이치대로 살아가는 데 익숙했고 생활 전반에 자연의 섭리가 곧 가치 판단의 기준이 되었다. 일자무식에 학교 문턱이라고는 밟아본 사람들이 거의 없다시피 한 동네이다 보니, 흉흉한 소문만 나돌았다. 그 소문들은 다들 하나같이 전기가 들어오지 않아 칠흑같이 깜깜한 밤에 일어난 사건들이었다. 한마디로 밤에 나타나는 온갖 귀신들 이야기였다.

도깨비귀신, 멍석귀신, 작두귀신, 처녀귀신, 몽달귀신 등 종류도 다양했다. 셀 수도 없을 만큼 귀신 이야기를 많이 듣다 보니 새벽에 기도하러 갈 때 정말이지 집 밖을 나서기가 무서웠다. 내 눈앞에 금방이라도 도깨비가 나올 것 같았고 뒤에서 귀신이 흉물스러운 모습으로 나를 덮칠 것만 같았다.

그럴 때면 문득 전도사님한테서 배운 것이 생각났다.

"너희들 귀신이 무섭니?"

"네!"

"그런데 그거 아니? 귀신은 예수 믿는 사람한테는 찍 소리 한번 못 하고 도망친단다. 그러니까 귀신이 나올 것 같으면 '예수 이름으로 명하노니 귀신은 물러가라!' 하고 소리쳐. 그럼 귀신이 얼씬도 못 할 거야."

귀신이 있다는 말에 새벽기도 갈 일이 캄캄했는데, 예수 믿는 사람한테는 아무것도 아니라는 전도사님의 말씀을 들으니 든든한 검이라도 얻은 듯했다.

나는 더 이상 귀신을 무서워하는 열두 살 꼬마가 아니었다. 아무리 무서운 존재와 형상이 나타나도 나를 지켜 줄 무기가 있으니 두려울 것이 없었다. 나는 집 밖을 나서는 것과 동시에 동네가 떠나가라 소리를 질렀다.

"예수 이름으로 명하노니 귀신아, 물러가라!"

캄캄한 새벽, 형체도 알아볼 수 없을 만큼 어두운 길 한복판에서 나의 우렁찬 목소리가 사방으로 쩌렁쩌렁 울려 퍼졌다. 누가 나를 이상하게 본다 해도 아무 상관 없었다. 나의 관심은 오로지 새벽기도를 드리기 위해 귀신을 물리치고 발걸음을 재촉해 서둘러 교회에 가는 것뿐이었다.

그런데 귀신을 내쫓는 명령을 하고, "태산을 넘어 험곡에 가도 빛 가운데로 걸어가면…" 하고 찬송을 부르며 가려는데 갑자기 또 다른 두려움이 밀려왔다. 그것은 바로 호랑이였다. 당시 내가 살던 동네는 실제로 산에서 호랑이가 내려오는 일이 간혹 있었다.

나는 속으로 생각했다.

'귀신은 예수 이름으로 내쫓는다지만 호랑이는 어찌해야 하는 거지?'

호랑이를 만나면 호랑이가 내게 어떻게 할 것인지 나름대로 생각해 보았다. 호랑이는 나를 잡아먹거나 그대로 놔두거나 둘 중 하나일 것이었다. 호랑이가 밥도 못 먹고 신발도 없이 맨발로 다니는 나를 잡아먹겠다고 하면 그냥 잡아먹혀 주자는 생각을 했다가, 하나님이 지켜 주시면 무서울 것이 없고 어쩌면 호랑이가 나를 업어다가 교회에 데려다 줄지 모른다는 담대한 믿음이 생겼다.

시골에서는 어린 나이에도 농사일을 돕고 살면서 소를 타곤 했는데, 소를 타는 것이나 호랑이를 타는 것이나 비슷할 듯했다. 소는 털이 가늘고 양이 적어 딱딱하지만 호랑이는 오히려 긴 털이 많이 나 있어 푹신하겠다는 생각이 들자 호랑이 등에 업혀 교회에 가는 것도 괜찮겠다는 생각마저 들었다.

장관이나 대통령 면회도 하늘의 별 따기인데, 하물며 전지전능하신 하나님을 만날 수 있는 일을 어찌 게을리 할 수 있겠는가. 새벽기도에 나가 하나님께 소원을 말씀드리는 그 일을 나는 단 하루도 거를 수가 없었다.

그때부터는 새벽기도 갈 때 전혀 무섭지 않았다. 동네 공동묘지를 지나갈 때도, 어린아이들이 죽으면 묻는 아장터를 지나갈 때도 하나 무섭지 않았다. 다른 아이들은 무섭다고 벌벌 떨어도 나는 두려움 없이 용감하여 동네에서 담력 큰 아이로 유명해졌다. 하나님이 내게 새벽기도 훈련을 시키려고 용기를 주셨던 것 같다.

내게는 하나님께 아뢰고 싶은 간절한 소원이 많았다. 하나님께서는 그런 나의 소원을 듣고 싶으셔서 귀신과 싸우는 것도, 무서움을 극복하는 것도 세심하게 가르쳐 주셨던 것이다. 나의 진심이 하나님께 전달되어 단 하루도 나의 이야기를 거르지 않고 아뢸 수 있게 해주셨으니 이보다 감사한 일이 어디 있겠는가?

이후 나는 새벽기도 가는 게 너무 좋아 곧잘 찬송을 흥얼거리며 갔는데, 지금도 그때 불렀던 찬송을 부르게 되면 내 마음은 캄캄한 새벽길을 달리던 소년으로 돌아가, 진한 감사를 드리게 된다. 태산을 넘어 험곡에 가도 빛 가운데로 걸어가도록, 본능처럼 눈만 뜨면 기도하도록 인도해 주신 주님을 향해 "할렐루야!" 하고 외쳐 본다.

5가지 기도
주일학교에서 배운

내가 살던 마을에 처음 교회가 생길 때만 해도 마을에는 민속신앙이 깊숙이 뿌리 내려 있었다. 사실 민속신앙을 숭배하는 사람들이 드리는 기도가 겉으로 보기에는 하나님께 드리는 기도와 크게 달라 보이지 않는다. 문제는 그 기도의 대상이 하나님이 아니라 자연물 등의 잡신이라는 사실이었다. 마을 어른들은 동네 어귀에 있는 서낭당에 가서 연신 손바닥을 비비며 중얼중얼 무언가를 빌곤 했다.

근대에 서양 선교사들을 통해 기독교가 우리나라에 들어오고 산골 우리 마을에도 교회가 생겼지만, 마을 사람들은 여전히 '하나님'의 존재를 모른 채 막막한 현실을 도와주고 자연의 은혜를 내려 달라고 누군가에게 끊임없이 비는 일이 흔했다. 우리 아버지만 해도 돌아가신 조상님을 모시고 그분들의 돌봄을 받기 위해 반드시 제사를 드려야 한다고 믿으셨다.

우리 민족이 종교성이 강하다는 주장에 나는 누구보다도 동감한다. 초능력적인 존재를 찾아 가장 오래된 큰 나무, 큰 바위, 큰 산, 큰 강을 대상으로 섬기고 빌고 의지하다가 하나님을 찾게 되는 유전자가 우리 안에 있다고 생각한다. 그 과정에서 기독교에 샤머니즘적인 요소가 섞여 기복신앙의 성격을 띠게 된 것이 아닌가 싶다. 많은 사람들이 돈을 달라고, 복음 받게 해달라고, 자손을 잇게 해달라고 빌고 또 빈다. 어린 시절 내가 보아 왔던 마을 어른들도 그러했고, 요즘 그리스도인들의 기도 소리에서도 곧잘 그런 기도의 내용들이 들린다.

> 하나님이 주시려는 복이 무엇인지 조금이라도 일찍 깨닫고 기도한다면 좀 더 많은 은혜를 누리고 살 텐데, 우리는 그 중요한 사실을 까맣게 잊고 살 때가 많다.

나는 나이가 들어 뒤늦게 건국대학교를 졸업하고 한국성서대학교에 학사편입을 해 2년간 신학공부를 했다. 그러면서 하나님이 우리에게 주시려는 복은 세상적이고 가시적인 복이 아니라 더 큰 것임을 깨닫게 되었다. 하나님이 주시려는 복이 무엇인지 조금이라도 일찍 깨닫고 기도한다면 좀 더 많은 은혜를 누리고 살 텐데, 우리는 그 중요한 사실을 까맣게 잊고 살 때가 많다.

어린 시절, 그러니까 지금으로부터 64년 전 나에게 바로 하나님의 복에 대해 정확히 가르쳐 주신 분이 조요셉 전도사님이다. 그분은 기도의 핵심을 가르쳐 주셨을 뿐만 아니라 기도의 내용도 확실하게 짚어 주셨다. 그분이 말씀하신 내용은 지금도 옳다고 믿고 있으며 하나님 앞에 구하기에 조금도 부족함이 없다.

전도사님은 성경 말씀을 보면 자신을 위한 기도보다는 다른 사람들을 위한 기도가 더 많다고 하셨다. 성경을 자세히 읽고 공부하면 할수록 확실히 성경은 이타적인 것임을 알 수 있다. 샤머니즘과 기독교의 가장 큰 차이는 바로 이것이다. 샤머니즘은 어디까지나 자기중심적이다. 칠성각이나 서낭당에서 비는 사람들은 대부분 자신을 위해 빌고 또 빌지만, 교회에서 하나님께 기도하는 사람들은 자신보다는 다른 이들을 위해 기도한다. 우리 기독교가, 우리 교회가, 그리고 내가 얼마나 건강한지는 바로 이 기준으로 점검할 수 있다. 철저히 자신을 위할수록, 자기 교회만을 위할수록, 자기 종교만을 위할수록 자신도 교회도 기독교도 이기적인 샤머니즘으로 변질되기 때문이다.

어린아이는 자기중심적으로 자신의 필요를 요구하며 생존에 필요한 말만 한다. 어린 아기는 배고프면 울고, 추우면 울고, 업

히고 싶으면 운다. 무엇이든지 자기를 위해 달라는 말뿐이다. 이처럼 기도도 자기중심적인 샤머니즘으로 변질되면 어린아이의 요구처럼 유치해진다.

형제가 많은 어떤 집에서 적극적인 성격의 셋째 딸은 부모에게 애교를 부리며 수시로 용돈을 받아 내는데, 큰딸은 용돈을 달라고 한 적이 한 번도 없었다. 하루는 어머니가 큰딸에게 물었다.

"얘야, 너는 용돈 필요 없니? 어떻게 용돈 달라는 소리 한 번 안 하니?"

그러자 큰딸이 대답했다.

"괜찮아요. 동생들이 저렇게 졸라대는데, 저까지 그럴 순 없어요."

어머니는 큰딸의 말을 듣고 용돈을 쥐어 주며 말했다.

"아니다. 이건 네 용돈이니 네가 필요한 데 쓰렴."

이처럼 하나님께서도 우리가 구하지 않아도 우리의 필요를 알아서 채워 주신다. 사랑하는 자녀이기 때문이다. 이 비밀을 전도사님이 가르쳐 주셨다. 기도를 드리면서 우리가 구하지 않은 세세한 부분까지 하나님께서 다 알아서 해결해 주신다고 하셨다. 이런 하나님에 대한 체험은 내 일생에서 너무나 많다.

자녀가 자라면 부모의 심정을 조금이나마 이해하고 헤아리게 되듯이 기도도 하다 보면 나의 기도보다는 하나님의 마음과 계획에 관심이 가고 그 사업에 동참하게 해달라고 저절로 소원하게 된다. 그리고 그 기도가 하나님의 마음을 움직이는 비결이라고 생각한다. 기도는 감성적인 부분이 많이 작용할 수도 있지만 성경에 근거한 기도라야 하나님이 들으신다.

주일학교를 다니는 우리에게 믿음의 아버지였던 전도사님은 기도할 때 반드시 다음 다섯 가지 기도제목을 놓고 기도하라고 당부하셨다. 이것은 하나님을 향한 간절한 열정과 나의 소원을 감성과 이성 사이에서 성경적으로 할 수 있게 해준 기도의 모델이었다.

첫째는, 이 나라와 민족을 위해 기도하라고 하셨다.

예수 믿는 사람은 자신이 사는 나라를 하나님의 마음으로 사랑하는 애국자여야 한다고 설명해 주셨다. 애국자가 되어 가장 먼저 해야 하는 것이 나라와 민족을 위한 기도라는 것이다. 모세, 에스더와 모르드개, 여호수아, 기드온 등 성경에 나오는 인물들은 모두 애국심이 강했고 기도로 그 목표를 달성했다. 나라와 민족을 위해 무엇을 어떻게 하나님께 부탁드려야 할지 몰랐지만 그것은 그리 중요한 문제가 아니었다. 오직 이 나라와 민족을 하나님께 말씀드리고 다른 어떤 기도보다 가장 먼저 간절히 기도하는 것이 중요했다.

그런데 신기하게도 하나님은 기도하면 할수록 어린 나에게 나라를 걱정하는 마음을 주셨다. 대통령을 위해서 기도하게 하셨고 나라를 돌보는 많은 사람들을 위해 구체적인 기도제목들이 떠오르게 하셨다.

둘째는, 우리가 살고 있는 지역사회, 즉 청웅면을 위해 기도하라고 하셨다.

내가 속해 있는 지역사회를 위해 기도하라는 말씀이었다. 첫 번째 기도보다는 한결 쉬웠다. 누가 살고 있는지도 알았고 우리 동네에 무슨 일이 있는지도 잘 알고 있어서 기도할 것이 많았다. 아픈 사람이 있으면 그를 위해 기도하고, 동네 어른들을 위해서도 기도하고, 홍수로 누군가의 집이 떠내려가는 일이 없게 해달라고도 기도했다.

셋째는, 예수 믿지 않는 친구와 친척들을 위한 기도였다.

우리 집은 어머니가 가장 먼저 믿고 우리 형제들이 믿었는데, 친척들 중에는 예수 믿지 않는 사람들이 참 많았다. 동네 친구들과 학교 친구들 중에도 셀 수 없이 많았다. 그 친구들의 이름을 부르며, 친척 어른들의 이름을 부르며 그들이 하나님을 꼭 만날 수 있기를 간절히 기도드렸다.

넷째는, 가족을 위해 전심으로 기도하라고 하셨다.

가족 중에 믿지 않는 사람이 있으면 이름을 부르고, 자신이 무엇을 해야 하는지 하나님께 여쭈어 보라고 하셨다. 그때마다 아버지의 이름을 목청껏 부르며 아버지가 교회에 나가시도록, 다른 가족이 교회에 다니는 것을 반대하지 않기를 울며 기도했다. 품팔이로 나가 있는 형들을 위해서도 간절히 기도했다. 우리 가족이 다 함께 하나님을 믿고 기도하는 사람들이 되어 살게 해달라고 부탁드렸다. 하지만 전도사님은 가족이 잘살게 해달라거나 먹을 것을 달라는 기도를 하라고 가르치지는 않으셨다. 가장 먼저, 가족의 구원을 위해 기도하라고 하셨다. 늘 허기진 배를 붙잡고 기도했지만 배고픔을 해결해 달라는 기도보다는 구원의 기도를 항상 먼저 올렸다.

> 이 다섯 가지 기도에는 한 가지 비밀이 있다. 그것은 '나의 뜻대로 마옵시고 아버지의 뜻대로 하옵소서'라고 기도하며, '먼저 그 나라와 의'를 구하게 된다는 것이다.

다섯째는, 자신을 위해 기도하라고 하셨다.

자신이 하고 싶은 것과 고민과 여러 가지 아뢰어야 할 것들을 솔직하게 말씀드리라고 했다. 나는 어머니가 그러했듯이 언제나 솔직하고 구체적으로 하나님께 내 이야기를 했다. 하나님은 기도 시간이 쌓일수록 나에게 여러 가지 소망을 갖게 하셨고, 이전에 갖지 못하던 목표들을 갖게 하셨다. 그래서 기도 시간은 언제나 새롭고 기쁨으로 가득했다.

이렇게 전도사님이 가르쳐 주신 다섯 가지 기도를 차례대로 하다 보니 기도할 내용이 많았다. 나라와 민족을 위해 기도할 때 나라의 어려움과 형편을 알고 있는 한에서 열심히 하나님께 이야기했다. 그리고 예수 믿지 않는 이장과 면장, 군수 등을 위해 기도하고, 내 친구와 친척들을 위해서도 기도했다. 예수 믿지 않는 아버지와 형님들을 위해서도 목이 쉬도록 기도했다.

이 다섯 가지 기도에는 한 가지 비밀이 있다. 그것은 '나의 뜻대로 마옵시고 아버지의 뜻대로 하옵소서'라고 기도하며, '먼저 그 나라와 의'를 구하게 된다는 것이다. 하나님께서는 모든 이들을 소중하게 여기겠지만, 나 자신보다 다른 이들을 먼저 생각할 때 그 사람을 귀히 여기시고 그를 통해 하나님의 더 큰 계획을 펼쳐 나가신다. 나도 그러한 기도를 통해 하나님의 풍성한 은혜를 받게 되었다고 할 수 있다. 그러므로 철없던 나에게 이기적인 기도가 아니라 이타적인 기도, 성경적인 기도를 가르쳐 주시고, 바른 신앙인으로 살도록 기초를 마련해 주신 조요셉 전도사님에게 백발이 된 지금도 참으로 감사한 마음뿐이다.

어머니가 보여주신 기도의 본

　나의 기도생활에서 빼놓을 수 없는 또 다른 한 분이 있다면, 바로 우리 어머니시다. 어머니는 하루도 거르지 않고 생활 속에서 기도할 수 있게 이끌어 주신 가정교사였다. 허기진 배를 움켜쥘 때가 많았던 어린 시절, 어머니는 나에게 영적 허기만은 늘 최고로 채워 주셨다. 특히 어머니의 기도 소리는 나를 일으켜 세우고 희망이라고는 가질 수 없었던 나의 마음을 환하게 비춰 주었다.

우리 집안에서 교회에 나가기 시작한 사람도 어머니가 처음이었고, 신앙을 전해 준 사람도 어머니가 처음이었다. 우리 집안의 믿음의 계보는 어머니로부터 시작된 것이다. 아버지는 기독교가 조상을 섬기는 제사를 지내지 않는다고 어머니와 우리 형제들이 교회 가는 것을 몹시 반대하셨다. 자손들이 제사를 지내지 않으면 죽은 조상님들의 혼이 슬피 울며 구천을 떠돈다고 굳게 믿으셨던 것이다.

어머니는 결혼 전, 임실면에서 조금 떨어진 관촌이라는 동네에서 살았는데 본래 예수님을 모르다가 예수 잘 믿는 이모할머니를 따라 교회에 다니셨다. 그런데 예수 믿지 않는 집에 시집와 교회 하나 없는 산동네에 살면서 교회를 다니지 못하셨다. 그러다가 1945년 해방된 다음해 우리 마을에 개척교회가 생겼고, 어머니는 그 교회의 설립 성도가 되어 열심히 교회를 섬기셨다.

계속되는 아버지의 반대와 핍박에도 불구하고 어머니는 올망졸망한 우리 형제들을 데리고 꿋꿋이 교회에 다니셨다. 자신이 옳다고 여긴 일은 끝까지 포기하지 않으셨던 것이다. 우리는 주일학교에서 예수님을 만나고 신앙의 기초를 확실히 세워 나갔다. 그럴수록 아버지의 구박도 날로 심해졌다.

어느 날, 아버지는 술을 마시고 오셔서 나의 책가방을 빼앗고는 예수 믿으려면 학교 다니지 말고 나무나 하며 살라고 야단을 치셨다. 동생과 나는 무슨 일이 있어도 교회에 나가겠다고 해서 아버지를 더욱 화나게 했다. 다음날 아침, 학교에 가야 하는데 아버지가 책가방을 궤짝에 넣어 열쇠로 잠가 놓고 주지 않으셨다. 동생은 할 수 없이 학교 가는 걸 포기하고 지게를 걸머지고는 산에 나무 하러 갔다. 하지만 나는 끝까지 버티다가 책가방도 없이 무작정 학교에 갔다. 예수님을 믿는 것도, 학교에 가는 것도 나는 절대로 포기할 수 없었다. 다행히 어머니가 아버지를 설득해 이튿날 나와 동생은 책가방을 메고 학교에 갈 수 있었다.

이처럼 어머니는 교회 다니는 것만큼은 절대로 타협이 없으셨다. 당시 우리 집은 너무 가난해서 형들은 일찍이 외지로 나가 일했고, 나의 바로 위 누님을 비롯해 모든 형제자매들이 어머니의 인도로 교회에 다녔다.

어머니는 돌아가실 때까지 한글도 깨치지 못하셨다. 어머니가 아시는 것은 오직 하나님뿐이었다. 어머니는 그분만을 완전히 믿고 의지하는 진짜 신앙인이셨다. 우리 형제들을 키우실 때도 오직 하나님께 간절히 기도하며 양육하셨다. 그러나 단 한 번도 먹을 것이나 입을 것을 달라고 기도하시지 않았다.

특별히 어머니께서 나를 위해 드리시던 기도는 아직도 잊을 수가 없다. 언제나 같은 말을 되뇌셨지만, 단 한 번도 내 마음을 움직이지 않은 적이 없었다.

어머니는 자신이 기도하는 내용을 기도문으로 쓰지는 못하셨지만, 교회에서 배운 대로 기도하셔서인지 당신 귀에 들리는 대로 기도하셨다. 정확히 표현하면 이렇다.

"전지 절능(전능)하신 하나님! 부모된 저는 무식해서 우리 태영이를 가르치지 못합니다. 그리고 너무 가난해서 양육도 제대로 못하고, 아파도 약 한 첩 못 먹입니다. 이 아이를 맡아 주세요."

학교에 다니며 공부할 때나, 시험을 쳐야 할 때나, 먹을 것이 없을 때나, 아플 때도 언제나 기도는 똑같았다. 특히 학질(말라리아)에 걸려 이틀 간격으로 열이 올라 부들부들 떨며 고생할 때 어머니가 드린 기도가 아직도 귀에 쟁쟁하다. 어머니는 내가 아플 때마다 내 머리맡에서 투박한 고향 사투리로 전심을 담아 기도를 드리셨다. 평소에도 내 손을 꼭 잡고 "너희 부모는 무식하고 가난하고 돈도 없지만 전지전능하신 하나님께 의지하면 반드시 너를 인도하실 거란다" 하시며 나를 위로하셨다. 내게는 어머니의 기도가 그 어떤 가정교육보다 값진 것이었다. 그 생각은 내 나이 일흔 중반을 훌쩍 넘은 지금도 변함이 없다.

어머니는 자신이 믿고 섬기는 하나님 앞에서 가장 철저하게 엎드리셨다. 또한 예배 때마다 교회에 가서 자신의 가난함과 무식함을 고백하며 하나님밖에 의지할 분이 없음을 토로하셨다.

그 엎드러짐은 막막한 현실 앞에 주저앉은 슬픔과 절망이 아니라, 전능하신 하나님이 자식들을 인도해 주시기를 간절히 아뢰는 청원기도였다. 어머니는 내게 기도를 통한 믿음의 고백과 소망을 가르쳐 준 믿음의 스승이었다.

어머니가 아시는 것은 오직 하나님뿐이셨고, 그분만을 완전히 믿고 의지하는 진짜 신앙인이셨다. 우리 형제들을 키우실 때도 오직 하나님께 간절히 기도하며 양육하셨다. 그러나 단 한 번도 먹을 것이나 입을 것을 달라고 기도하시지 않았다.

글 한 줄 읽지 못하셨지만 어머니의 마음속에는 그 누구와도 견줄 수 없는 복음의 정수가 있었다. 그 보석과도 같은 진리를 늘 나에게 말씀해 주셨다.

"태영아, 하나님은 시골에서 가난하게 자라는 너를 위해 예수님을 주셨단다."

예수님이 아무것도 가진 것 없는 작은 나를 위해 오셨다는 어머니의 이야기가 내 마음속에서 잔잔히 울려퍼졌다. 어머니는 내 손을 꼭 붙잡고 말씀을 덧붙이셨다.

"그러니까 태영아, 너는 천하고 가난한 농가의 아들이 아니라 하나님의 아들이다. 그 믿음을 가져라."

어머니는 나와 눈을 마주치며 한마디 한마디에 힘을 실으셨다. 그 말씀은 내 혼과 영을 꿰뚫고 온전히 하나님을 의지할 수 있도록 용기와 희망을 주었다. 기도를 통한 어머니의 믿음이 고스란히 전해진 것이다.

어머니에게 하나님은 멀리 계신 분, 글자로 있는 분이 아니라 하루하루 삶 속에서 살아 역사하시는 분이었다. 그 생생한 기도의 시간을 통해 만난 하나님을 자식들도 만날 수 있기를 바라셨던 어머니의 거룩한 소망을 나는 느낄 수 있었다. 그래서인지 우리는 단 한 번도 어머니가 무지하거나 가진 것 없다고 생각해 본 적이 없었다. 그만큼 어머니의 영적 자산은 컸다.

어머니는 우리에게 "공부해라, 일해라" 하며 잔소리를 하신 적이 한 번도 없었다. 오히려 예배시간에 늦지 마라는 말씀을 더 많이 하셨다. 그래서 나는 학교뿐만 아니라 주일학교 예배에도 늦은 적이 없었다. 어머니 자신부터 예배시간에 늦거나 빠진 적이 없었고, 교회의 모든 일에 열심을 내셨기 때문이었다.

방학이 되어 여름성경학교가 열리면 어머니는 어려운 살림에도 20여 명 되는 주일학교 선생님들을 집으로 초대해 식사를 대접하셨다. 극구 반대하시던 아버지도 나중에는 어머니의 신앙에 감동받아 장날 시장에서 국수나 조기를 사 오기도 하셨고, 교회 어른들이 오시면 극진히 대접하셨다. 어머니의 기도 덕분에 오랜 세월이 지난 뒤 아버지는 예수님을 믿고 구원을 받으셨다.

나는 어머니의 신앙과 기도가 우리 온 가족을 살렸다고 생각한다. 어머니의 기도는 앞뒤 순서나 조리는 없지만, 한마디 한마디가 진정으로 믿고 하는 기도였기 때문에 하나님께서 기쁘게 받으셨다고 믿는다.

다섯 손가락 깨물어 아프지 않은 손가락 없듯이 부모의 자식 사랑도 똑같다. 우리 어머니 역시 우리 형제들을 모두 사랑하고 아끼셨지만, 나에 대한 사랑은 더 각별했던 것 같다. 입버릇처럼 당신은 아는 것이 없는 무식쟁이라고 하면서도 '조선 천하에 내 아들이 제일'이라는 신념을 갖고 계셨고 나에게 그 믿음을 계속 불어넣어 주셨다. 못 입고 못 먹었지만 부잣집 아들과 비교도 안 될 만큼 내가 제일이라는 어머니의 믿음만은 최고였다. 그 믿음이 내가 하나님께 의지하며 자신감 있게 나아갈 수 있는 귀한 발판이 되었다.

형제들 중에서도 나는 아버지보다 어머니의 성품을 더 많이 닮았다. 아버지는 과묵하고 말씀이 별로 없는 분이셨다. 반면 어머니는 부드럽고 온유하지만 결정적인 순간에 강한 성품을 내비치는 전형적인 외유내강의 소유자셨다.

내가 어머니를 특별히 존경하는 것 중 하나가 바로 남다른 개척자 정신이다. 어머니는 항상 적극적이고 긍정적이며 모든 것을 낙천적으로 생각하고 감사하셨다. 당시 우리 집 상황을 떠올려보면 기도로 쌓은 믿음이 아니고서는 불가능한 성품이었다. 예수님을 믿고 '전지전능하신 하나님'을 의지하고 사니까 항상 긍정적이고 미래지향적이셨다. 나는 어머니의 이 귀한 성품을 그대로 보고 배우며 자랐다. 교회 일을 그토록 부지런히 하시면서도 아버지의 마음을 움직이기 위해 어머니는 잠시도 가만히 있지 않고 집안 곳곳을 더 정성껏 돌보고 자식들을 키우셨다.

청웅면에서 살던 첫 집은 흙집이었는데, 너무 가난하여 냇가 언덕에 있는 흙으로 기둥도 없는 방을 한 칸 마련하고, 출입문만 대강 자그맣게 만들어 나뭇가지를 지붕처럼 위에 걸친 집이었다. 그런데 그 집마저 장마에 떠내려가고 우리 가족은 남의 집 셋방을 살게 되었다.

그때 우리 가족이 먹을 것이라곤 물밖에 없었는데, 어머니는 용기를 내어 군수님 댁을 찾아가 쌀 두 말을 얻어 오셨다. 수십 리 길을 걷고 또 걸으면서 어머니가 얼마나 하나님께 매달리며 기도를 하셨을지 생각하면 지금도 목이 멘다. 그 어머니의 눈물과 기도의 수고는 까맣게 모른 채 우리 8남매는 그날 저녁 얼마나 배불리 먹었는지 모른다.

동네 사람들은 논밭이 있어 농사라도 짓지만 우리 집은 다른 집의 소작농이 되어 농사일을 거들어야 했다. 그래서 어머니는 장사를 하셨다. 감자, 옥수수 등을 팔려고 무거운 짐을 들고 하루 종일 시장까지 걸어가 가족이 먹을 한 끼 거리를 마련해 오셨다. 또 어떤 때는 남의 집 밭에서 김매기를 하여 쌀 한 되를 품삯으로 받아 오면 온 가족의 한 끼 죽을 만들어주셨다. 그런 와중에도 어머니는 불평 한마디, 깊은 한숨 한 번 없으셨다. 고단하고 피곤해도 늘 우리를 보고 웃으셨다. 어머니는 우리에게 육의 양식도, 영의 양식도 어느 것 하나 전심으로 해주지 않으신 것이 없었다.

아버지는 고지식해서 먹을 것이 있으면 먹고, 없으면 굶을지라도 결코 빚을 얻지는 않으셨다. 하지만 어머니는 빚을 내 집을 사셨고 그 일로 아버지와 많이 다투셨다. 어머니가 빚을 얻어 집을 사신 것은 지금처럼 투자 개념이 아니라 자식들 때문이었다.

"애들은 자꾸 늘어나는데 이런 깜깜한 데서 계속 키울 수는 없어요."

어머니의 의지는 단호했고, 이유도 분명했다. 어머니는 오랫동안 기도하면서 그런 결정을 내리셨을 것이다. 어머니의 자식 사랑은 결국 아버지를 설득시켰고, 방이 세 개나 되는 집을 사셨다. 덕분에 우리 가족은 모처럼 두 다리를 뻗고 편안한 잠을 잘 수 있게 되었다.

어머니는 주일 낮예배, 저녁예배, 수요예배, 구역예배, 심방예배 등 교회에서 드리는 모든 예배나 모임에는 절대 빠지는 일이 없으셨다.

어머니의 온갖 심부름을 도맡아 하던 나는 교인들 집집마다 다니며 된장, 고추장 등을 거두어다가 전도사님 장독에 넣어 드리는 일도 했다. 어머니는 집에 계시면서도 온통 전도사님 걱정

뿐이셨다.

"김 집사님 댁에 가면 보리를 주실 거야. 그럼 전도사님 부엌 항아리에 넣고 와라."

"박씨 아저씨네 가면 쌀을 주실 거야. 그걸 받아서 전도사님 댁 쌀 항아리에 갖다 넣어라."

말만 하면 쪼르르 갔다가 쪼르르 오느라 온종일 쉴 틈이 없었다. 감자가 날 때는 감자를, 맛있는 감이 익으면 감을 갖다 드렸다. 어머니 덕분에 동네 아주머니들도 전도사님께 드리는 것을 모두 나를 통해 하셨다.

시골에서는 물고기를 잡을 때 그물이나 망 없이 손으로 '더듬질'을 해서 잡는다. 그렇게 해서 잡은 물고기를 호박잎에 싸서 집으로 곧잘 가져 왔는데, 그때마다 어머니는 척척 알아서 손질해 주셨다. 그러면 나는 손질된 물고기를 들고 한달음에 전도사님 댁으로 갔다. 우리는 비록 여름 내내 고기반찬을 먹지 못해도 물고기 반찬은 떨어지지 않았고 전도사님 댁에도 여름 내내 물고기 반찬이 끊이지 않도록 해드렸다. 지금 생각해 보면 그때는 그저 어머니가 시켜서 한 심부름이었지만, 이렇게 어른으로 성장하고 한 교회의 장로가 되어 교회 일을 하다 보니, 목회자를 섬기고 교회에 봉사하는 마음이 자연스럽게 드는 것은 모두 어머니가 물려준 믿음의 유산 덕분이지 싶다.

학교가 끝나기가 무섭게 지게를 지고 들로 산으로 다니며 농사일을 거들었던 나에게는 어린 요셉처럼 꿈이 있었다. 하나님이 나를 어떻게 쓰실지 기대하면서 매일매일 열심히 공부하고 농사일을 했다. 하나님은 내 어머니를 통해 끊임없이 나를 격려해 주셨다.

초등학교를 간신히 졸업하고 중학교에 갈 때도, 중학교를 졸업하고 서울로 갈 때도 언제나 어머니가 힘이 되었다. 나는 항상 기도하시는 어머니와 의논을 하고, 어머니의 지원으로 진로를 개척해 나갈 수 있었다.

"내게 능력 주시는 자 안에서 내가 모든 것을 할 수 있느니라" (빌 4:13).

서울로 가는 나를 향해 집 앞 사립문 앞에서 손을 흔들어주시던 어머니를 보며 마음판에 새긴 하나님의 말씀이었다. 어린 시절부터 써온 내 일기장 첫 장에 이 말씀을 쓰고 나는 줄곧 기도의 삶을 살았다.

하나님은 어머니의 기도를 오랫동안 듣고 싶으셨는지 어머니에게 91세까지 장수하는 삶을 허락하셨다. 큰 병 한 번 앓지 않고 하나님 앞에서 특별했던 삶을 마치고 편안히 소천하셨다. 지금도 어머니의 편안히 잠든 모습이 또렷이 떠오른다. 그 어머니의 특별한 자녀 양육과 영적 훈육이 있었기에 나도 부모가 되어 무엇보다 가장 먼저 자식들에게 믿음과 기도를 가르치게 되었다. 삶으로 드린 값진 믿음의 삶은 대를 이어가며 하나님이 응답해 주심을 목도하고 있다.

글 한 줄 읽지 못하셨지만 어머니의 마음 속에는 그 누구와도 견줄 수 없는 복음의 정수가 있었다. 그 보석과도 같은 진리를 늘 나에게 말씀해 주셨다. "태영아, 하나님은 시골에서 가난하게 자라는 너를 위해 예수님을 주셨단다."

신앙생활을 오래한 분일수록 기도를 유창하게 잘한다. 집사, 권찰, 권사, 장로 등 너나없이 대표기도든 소그룹 모임에서 드리는 기도든 막힘없이 기도를 드린다. 하지만 기도를 잘하는 것과 기도한 대로 믿는 것은 전혀 다른 일이다. 나는 오랫동안 신앙생활을 하면서 이런 경우를 너무나 많이 보아 왔다. 어릴 적 시골에서 개척교회를 다니며 전도사님께 배운 기도와 어머니의 순전하고 진실된 기도가 지금도 하나님께 감사한 것은 바로 이 때문이다. 기도를 잘하는 것을 배운 것이 아니라 기도한 대로 이루어질 것을 믿어야 함을 배웠던 것이다.

기도한 대로 믿지 못해 생긴 재미있는 일화가 있다.

1980년대 초 우리나라에 큰 가뭄이 들어 봄철 석 달 동안 비가 한 방울도 내리지 않은 때가 있었다. 나라에 큰 가뭄이 들거나 큰일이 생기면 교회 지도자들은 너나없이 열심히 기도를 했고,

가정예배 때는 온 가족이 함께 특별 기도를 올리기도 했다. 신앙생활을 열심히 하시는 한 장로님도 권사인 아내와 자녀 셋과 함께 가뭄을 위해 가정예배를 드렸다. "빈들에 마른 풀같이 시들은 나의 영혼…" 찬송을 간절히 드리고 말씀을 읽은 후 온 가족이 전심으로 기도를 드렸다. 예배 때든 모임에서든 당시에 늘 드리던 기도였기에 장로님은 가정예배 때도 가뭄 해갈을 위해 대표로 기도를 드렸다.

"하나님! 이 나라에 석 달째 심한 가뭄이 들었습니다. 비가 한 방울도 오지 않습니다. 이 민족을 불쌍히 여기시고 비를 내려 주시옵소서."

장로님의 기도는 이것으로 끝나지 않았다. 우리가 늘 그렇듯이 더 간절하고 절박할 때는 몇 번씩 반복하고 강조하며 기도하는데, 장로님도 가뭄을 걱정하며 같은 내용을 서너 번 반복하며 온 마음을 다해 기도를 드렸다.

"아버지, 온 땅의 농작물도 말라비틀어졌습니다. 식물도 말랐습니다. 비를 내려 주십시오. 비를 내려 주셔야 합니다."

이렇게 간절히 기도한 후 마지막으로 한마디를 덧붙였다.

"전지전능하신 하나님께서 오늘 이 민족에게 비를 내려 주실 것을 믿습니다! 예수님의 이름으로 기도합니다. 아멘!"

예배를 마치고 온 가족이 아침밥을 먹은 후 출근과 등교 길에 나섰다. 그런데 자녀들이 하나둘 학교를 가는데, 유독 막내만 이 방 저 방을 돌아다니며 학교 갈 생각을 않는 것이었다. 장로님이 이상해서 막내에게 물었다.

"막내야, 학교는 안 가고 지금 뭐 하는 거니?"

"아빠! 우산을 찾고 있는데, 어디에도 안 보여요."

"아니, 우산은 왜?"

"학교 갈 때 갖고 가려고요."

"이 녀석아! 하늘이 저렇게 맑은데 우산을 왜 갖고 가? 비가 오려면 하늘에 먹구름도 끼고 해야 하는데 날씨가 너무 좋잖니. 그냥 가도 돼."

그러자 막내가 깜짝 놀라며 아버지에게 말했다.

"아빠! 아까 기도할 때 '오늘 이 민족에게 비를 내려 주실 것을 믿습니다' 하셨잖아요. 저도 아빠 기도에 아멘 했는데…. 우리 기도를 들으시고 하나님이 오늘 비를 내려 주시지 않겠어요? 그러니 우산을 가지고 가야지요."

막내의 말을 듣자 장로님은 얼굴이 붉어지며 가슴을 쳤다.

'아, 주님! 그렇게 간절히 소리쳐 기도했는데, 그것이 모두 위선이고 헛기도였습니다. 저를 용서해 주옵소서.'

정작 무릎을 꿇고 핏대를 세우며 기도한 장로님은 자신이 드린 기도에 대한 믿음이 없었던 것이다. 자녀들 앞에 더없이 부끄

러운 기도였다.

　이 이야기는 비단 남의 이야기만이 아닐 것이다. 예수를 오래 믿은 사람일수록 거미가 가는 실을 뽑듯 유창하게 줄줄줄 기도를 쏟아 낸다. "거룩, 거룩"에서 시작해 서론, 본론, 결론까지 일목요연하게 더함도 모자람도 없이 똑떨어지는 기도를 드린다. 그리고 "아멘!"을 외치고 단상에서 내려오자마자 싹 잊어버린다. 그것이 우리 신앙의 현주소다.

　그리스도인이라면 전지전능하신 하나님이 살아 계시다는 것과 그 하나님이 자신을 사랑하신다는 사실을 안다. 그것을 진정 믿느냐고 누군가 물으면 당연히 믿는다며 "아멘!"을 외친다. 하지만 믿는다면 "아멘!" 이후의 행동이 달라져야 제대로 믿는 것이 아닐까. 전지전능하신 하나님이 예나 지금이나 살아 계시고 그 하나님이 자신을 사랑하신다는 그 두 가지 믿음의 기둥이 내 가슴에 우뚝 서 있다면, 내가 생각하고 행동하는 것이 확 달라져야 할 것이다. 마른 하늘에 구름 한 점 없어도 우산을 챙겨 나가는 그 순전한 믿음이야말로 기도에서 놓쳐서는 안 될 중요한 요소다. 하나님은 그런 믿음이 있는 자의 기도를 들으신다.

그 어떤 두려움이나 염려 없이 고등학교 진학 문제를 하나님께 내어 맡겼다. 주일학교 전도사님은 늘 우리에게 전심으로 기도하면 하나님이 응답해 주신다고 하셨고, 나는 하나님께 가난에 찌들린 이 나라와 농촌을 발전시키고 싶다고 기도했으니 걱정할 것이 없었다. 별빛 속에 빛나는 주님, 어두운 새벽에 말씀하시는 그 주님이 바로 지금까지 나를 인도하셨기에…

第2部

삶 속에서 가까워진 기도

하나님 담요가 되어 주신 나에게 따뜻한

'이게 뭐지?'

그날도 변함없이 어린 나는 새벽기도를 드리고 있었다. 무엇이든 한번 시작하면 끝까지 지키는 편이라, 한번 시작한 새벽기도도 빼먹지 않고 계속했다. 추운 겨울에는 새벽기도 가는 길이 고통스러웠다. 예배당에 들어가서 기도할 때도 온몸으로 파고드는 추위를 견딜 수가 없었다. 어찌나 추운지 이가 서로 부딪치며 소리를 내서 다른 사람들을 방해할까 봐 걱정이 될 정도였다. 내의도 못 입은 채 솜을 넣은 바지저고리로 매서운 겨울바람을 맞고 났으니 아무리 몸을 구부려 열을 모아 보려 해도 도무지 추위가 가시지 않았다. 그런데 어느 순간 온몸이 따뜻해졌다.

'어, 누가 나한테 담요를 덮어 준 건가?'

나는 너무나 궁금하여 감은 눈을 뜨고 싶었다. 하지만 기도하러 와서 다른 데 눈 돌리면 안 된다는 생각에 다시 기도에 집중했다. 어쩌면 전도사님이 미국에서 구호물자로 받은 담요를 살짝 덮어 주고 가신 건지도 모른다는 생각이 들었다. 당시 우리 교회에는 미국 교인들이 보내 온 구호물자들이 있었는데, 담요도 그중 하나였다. 기도가 끝나면 전도사님한테 가서 감사 인사를 드려야지 하고선 더 열심히 기도에 매달렸다.

얼마나 기도를 했을까, 기도를 마무리하고 눈을 떴는데 내 몸에 덮여 있어야 할 담요가 보이지 않았다.

'아니, 그새 없어진 거야? 어디 갔지?'

나는 어두운 예배당 안에서 담요를 찾아 이리저리 손을 뻗어 보았다. 그런데 담요는커녕 천 조각 하나도 보이질 않았다. 그때 문득 이런 생각이 들었다.

'아, 이게 성령 체험인가? 성령님이 나를 꼭 안아 주신 거였나?'

성령님은 추위 속에서도 간절한 마음으로 두 눈 감고 기도하던 나를 따스하게 감싸 주셨던 것이다. 기도에 집중할 수 있도록 나를 꼭 안아 주신 성령님의 체험은 그 어떤 것보다 신비롭고 나의 가슴을 벅차게 만들었다. 그 따스함은 담요 이상이었고, 마치 갓난아이가 어머니의 품 안에서 느끼는 아늑함 같은 것이었다. 추위를 녹이는 따스함이 아니라 환경과 공간을 넘어선 절대적인 평온이었다. 전도사님 말씀대로, 하나님은 그 누구보다 나를 잘 아시는 분임을 확신할 수 있었다. 하나님께서는 내게 가장 절실한 순간, 가장 필요한 것으로 그분의 살아 계심과 돌보심을 알려 주신 것이다. 한없이 어리기만 한 내가 금방 알아차릴 수 있도록 보여 주신 하나님의 은혜였다. 날마다 교회에 와서 새벽기도를 드리는 나에게 하나님이 주신 선물이었다. 집으로 돌아가는 내내 나는 이전과는 또 다른 하나님과의 친밀함을 느꼈다.

전도사님이 주일학교에서 성경을 가르치실 때 늘 하던 말씀이 생각났다. 하나님이 세상을 이처럼 사랑하사 독생자를 주셨다는 것과 그 독생자가 다른 사람이 아닌 나를 위해 돌아가셨다는 것이었다. 교회를 다니는 날부터 하나님을 믿고 그분의 말씀을 따르려 애썼지만 그날 새벽기도에서 맛본 체험은 말로 다 표현할 수 없는 감격이었다.

'하나님! 감사합니다. 추운 저를 꼭 안아 주시는 하나님, 감사합니다!'

난로 하나 없는 교회에서 변변한 옷 하나 없이 추위에 떨며 기도하던 나를 사랑하셔서 꼭 안아 주신 하나님은 하늘 위 저 멀리 있는 높고 높은 우주에 계신 하나님이 아니라 내 등을 감싸며 내 곁에서 나의 기도를 들으시는 나의 하나님으로 다가오셨다. 하나님을 믿은 그해, 나는 성령님을 체험하고 나서 하나님 앞에 더욱 열심히 신앙생활을 해야겠다는 생각이 간절해졌다.

그날 이후부터 새벽기도는 더욱 뜨거워졌고 기도할 때마다 더 가까이 하나님을 느낄 수 있었다. 하루도 빠짐없이 새벽에 교회를 찾아 하나님 앞에 무릎을 꿇고 기도하면서, 하나님은 전지전능하시고 나를 사랑하시며 하나님의 뜻에 합당한 기도는 반드시 응답해 주신다는 믿음을 굳게 키워 나갔다. 그날의 성령 체험은 하나님과 나만의 특별한 만남이었고 그 자체만으로도 나에게 매우 소중했다.

> 기도에 집중할 수 있도록 나를 꼭 안아 주신 성령님의 체험은 그 어떤 것보다 신비롭고 나의 가슴을 벅차게 만들었다. 그 따스함은 담요 이상이었고, 마치 갓난아이가 어머니의 품 안에서 느끼는 아늑함 같은 것이었다.

요즘 교회들 사이에서 '특새'(특별새벽기도) 열풍이 불고 있다. 새벽기도에서 느끼는 희열은 느껴 보지 않은 사람은 모를 것이다. 그 희열을 나는 오래전부터 알고 있었다. 나의 새벽기도는 언제나 '특새'의 연속이었다. 옳다고 생각하면 그 길을 포기하는 법이 없는 뚝심은 바로 이 새벽기도에서 확실히 배웠던 것 같다. 나는 예나 지금이나 수많은 기도 가운데 새벽기도를 제일로 여긴다. 갈급한 마음과 집중된 영혼의 상태, 우선순위를 드리는 태도 등이 기도를 참되게 만든다는 사실을 평생을 통해 깨달았다. 바쁠수록 하루의 첫 시간을 하나님께 드릴 때 얻는 은혜와 힘은 그 무엇으로도 대신할 수 없다.

나는 그날의 새벽기도에서 가진 성령 체험을 나만의 비밀로 간직하고 있었는데, 나중에 알고 보니 그 교회에서 나처럼 성령 체험을 한 아이들이 꽤 많았다. 방언을 하고 귀신이 떠나가고 병이 낫는 기적은 없었지만, 교회는 나날이 부흥했고 주일학교 아이들도 점점 늘어났다. 전도사님은 늘 교회를 위해 기도하셨고, 주일학교 아이들도 전도사님께 배운 대로 간절히 기도하며 진지한 마음가짐으로 예배에 임했다.

인생에서 가장 즐겁고 행복해야 할 어린 시절을 힘겹고 고생스런 환경에서 보내야 했던 어린아이들에게 하나님은 다정한 친구로, 때로는 인자한 아버지로 다가오셨다. 그때의 주일학교 친구들은 나이가 들어서도 흉허물이 없는 가족이나 다름없는 존재들이다. 하나님이 나에게 주신 귀한 믿음의 친구들이다.

언젠가 인천 어느 교회에 특강을 하러 갔는데 그 교회 담임목사님과 이야기를 나누다가 한 가지 놀라운 사실을 확인했다. 내가 어릴 때 다니던 청웅교회 주일학교에서 목사가 27명이나 배출되었다는 것이다. 그 깊은 산속에 세워진 작은 교회가 창립 60여 년 만에 27명의 목회자를 배출한 것은 하나님의 큰 은총이자 선물이었다.

하나님은 나의 가정교사

 1952년 2월 1일, 이날부터 나는 일기를 빼놓지 않고 쓰기 시작했다. 그것은 내가 예수님을 믿고 기도하면서 생긴 변화였다. 내가 교회에서 특강을 할 때나 신앙 간증을 할 때 사람들에게 이 이야기를 하면 다들 놀라워한다. 그러나 나에게는 너무나 자연스러운 변화였다.

 1953년 3월 1일에 쓴 일기장에 보면 돈에 대한 나의 생각이 기록되어 있다.

'항상 반성 속에 재물에 대한 죄악을 저지르지 않으려고 성실을 다하여 본다… 예산, 결산 등을 매월 또는 매년 정리하며 생활하는 것은 검약을 하는 좋은 방법이 되었다.'

부모님도 품삯을 받아 가계를 알뜰히 꾸려 나가셨고, 자녀인 우리도 아무리 작은 돈일지라도 함부로 써서는 안 된다는 것을 생활 속에서 철저하게 배웠다. 그래서 예산이나 결산이 무엇인지 일찍이 배웠고, 누가 검사하는 것도 아닌데 매월 거르지 않고 금전출납부 결산을 꼬박꼬박 해나갔다. 돈을 잘 관리해야 한다는 생각보다는, 돈 씀씀이를 점검하면서 나의 생활을 반성하고자 했던 것이다. 비록 나이도 어리고 어려운 환경이었지만 경제관념이 올바르게 정립되어 있었던 것이다.

청소년 시절 나는 금전출납부와 함께 일기를 잊지 않고 매일 써 나갔다. 일기를 쓰면서 그날 하루를 떠올리고, 또 내일 해야 할 것들을 계획했다. 무엇보다 중요한 사실은, 일기를 통해 나의 기도가 응답되었는지 확인할 수 있었다는 것이다. 수많은 기도를 드려도 기도 응답을 받은 기억이 없다면, 기도가 응답되었는지 확인하지 않은 탓도 있다. 매일매일 기도를 드리면서 하나님이 어떻게 그 기도를 응답해 주셨는지 하루도 빼놓지 않고 돌아보았기에 나는 하나님이 내 기도를 단 한 번도 잊지 않고 들어주신다는 것을 확신할 수 있었다.

초등학교 5학년 때 새벽기도 중에 찾아오신 성령님의 체험을 굳게 믿는 이유도 바로 여기에 있다. 나는 그날 이후부터 철저하게 나를 점검하고 성장시켜 나가는 데 최선을 다했다. 마치 큰 대회를 앞두고 기량을 갈고닦는 국가대표 선수와도 같았다. 단 하루도 허투루 시간을 보내지 않았다고 자신할 수 있을 정도로 성령님은 나를 차근차근 준비시켜 주셨다.

이 모든 계획과 실천에서 가장 중요한 것은 '하나님을 위해서'라는 목표였다. 그 목표를 더 잘 이루기 위해서 나는 초등학교를 졸업하면서 공부에 대한 욕심이 생겼다. 내가 언제부터 공부에 관심이 있었는지 정확히 알 수는 없지만, 내가 하나님을 위해 좀 더 큰 일을 하려면 반드시 공부해야 한다는 생각을 떨칠 수가 없었다.

> 나는 하나님과 함께 공부하고 질문하고 답변 받고 하면서 나의 삶을 발전시켜 나갔다. 하나님이 류태영의 가정교사요 생활지도사가 되어주신 것이다.

아주 작은 부분이지만 돈을 사용하는 법을 기록하게 하신 하나님은 나의 시간을, 그리고 나의 미래를 계획하는 법까지 알게 하셨다. 그 모든 것을 기도하는 동안 하나님이 하나씩 떠오르게 하시고 지혜를 주신 것이다.

나는 하나님과 함께 공부하고 질문하고 답변 받고 하면서 나의 삶을 발전시켜 나갔다. 하나님이 나의 가정교사요 생활지도사가 되어 주신 것이다. 그리고 하나님은 그때나 지금이나 나의 영원한 멘토이시다. 나는 나뿐 아니라 모든 사람이 마음만 먹으면 하나님을 가정교사요 멘토로 모실 수 있다고 확신한다. 하나님께 나아가 당신의 삶을 나누고 의논해 보라. 시골길에 굴러다니는 돌멩이처럼 보잘것없던 나도 이끌어 주셨는데 당신의 삶을 어찌 이끌어 주시지 않겠는가?

열여덟 늦깎이 중학생이 되다

시골에서 자라서인지 내 꿈은 어렸을 때부터 조금 남달랐다. 보통 아이들은 아픈 사람들을 고쳐 주는 의사가 되고 싶다거나 훌륭한 선생님이 되겠다고 하는데, 나는 기도하면 할수록 농촌에 대해 많이 생각하게 되었다. 우리 집이 왜 가난한지, 아버지가 아무리 일을 열심히 해도 왜 머슴살이에서 벗어나지 못하는지 고민에 빠졌다.

'왜 아버지가 새벽부터 열심히 일을 하시는데도 우리 가족은

끼니도 해결하지 못하고 굶어야 하는 걸까?'

나는 초등학교를 졸업할 때쯤 그 고민의 답을 얻었다. 우리 아버지가 그토록 열심히 일을 해도 빈궁에 시달리는 것은 아버지가 못 배워서가 아니라 나라와 사회의 책임이라고 느낀 것이다. 그 답을 얻자 나에게 분명한 꿈이 생겼다. 바로 가난한 농촌을 발전시켜 잘살게 하는 것이었다. 돈을 많이 벌어서 아버지 어머니를 편안히 모시는 것보다 농촌이 변화 발전되어야 우리 아버지 어머니 같은 분들이 행복하게 살 수 있을 것이라는 생각이 들었다.

농사에 대해 제대로 아는 것이 없었던 내게 하나님은 생각지 못한 큰 꿈을 갖게 하셨다. '우리 부모님을 잘살게 해야지, 우리 청웅면을 잘살게 해야지'라는 생각에서 더 나아가 우리나라 농촌을 잘살게 하고 가난한 이 민족을 잘살게 해야 한다는 사명감을 떨칠 수가 없었다. 전도사님에게 배운 기도의 원칙을 따라 늘 새벽 제단을 쌓는 동안 하나님은 자연스럽게 나에게 나라와 민족을 향한 마음을 부어 주셨다.

나는 매년 1월 1일에 1년 계획을 세우고, 매월 1일에는 그 달 계획을 세웠다. 또 월말과 연말에는 반성문을 썼다. 이렇게 나의 꿈은 언제나 구체적인 계획과 함께했다. 꿈을 이루기 위해 먼저 계획을 세우고 반드시 실천했으며, 하루하루 부지런히 조금씩 준비하고 노력했다. 나를 인도하시는 하나님께서는 어린 소년이 도저히 이룰 수 없는 목표 앞에서 한 번도 좌절하거나 포기하지 않도록 철저하고도 지속적으로 나의 삶에 개입하셨다.

특히 끊임없이 질문을 하게 하셨다.

'농촌을 잘살게 하려면 뭔가 힘이 있어야 할 텐데 그것이 무엇일까?'

하지만 아무리 생각해도 어떠한 힘이 있어야 하는지 감이 잡히지 않았다. 그래서 자칫 허황되다고 여길 수 있는 꿈에 대해서 나는 진지한 마음으로 새벽기도를 통해 하나님의 지혜를 구했다.

'하나님, 우리 농촌을 발전시킬 수 있는 방법을 알려주세요. 제가 어떤 일을 할 수 있을지, 어떤 힘을 키워야 하는지 말씀해주세요.'

새벽마다 기도하면서 내가 무슨 힘을 키워야 농촌을 발전시킬 수 있는지 하나님께 묻고 또 물었다. 그러던 중 해결의 실마리를 얻게 되었다.

시골에서는 추석 명절이 되면 장터에서 씨름대회가 열렸다. 우승한 사람에게는 부상으로 소 한 마리를 주었는데, 우리 동네에 어느 누구와 붙어도 이기는 대단한 씨름 장사가 있었다. 말 그대로 '힘이 장사'였다. 그 사람을 보는 순간, 힘이란 어떤 것인지 좀 더 구체적으로 생각하게 되었다. 씨름을 이기는 힘은 소 한 마리였다. 그러나 가난한 농촌을 구하는 힘은 그런 힘으로는 역부족이었다. 다른 종류의 힘이 필요했다. 그 힘이란 첫째, 권력이었다. 장관이나 대통령처럼 어떤 일을 앞장서 추진할 수 있는 힘이 있는 사람이 되어야 했다. 그것이 내가 생각한 첫 번째 힘이었다.

'그렇다면 장관이나 대통령이 되어야 농촌을 발전시킬 수 있는 건가? 내가 어떻게 대통령이 되지? 대통령이 되려면 뭘 해야 하지?'

당시 나는 초등학교를 졸업하고 중학교 진학을 못하고 있었다. 집안 형편이 어려워 학비 조달은커녕 당장 먹을 끼니도 해결할 수 없던 시절이었다.

'친구들이 다 가는 중학교도 못 가고 머슴살이를 하는데 내가 무슨 수로 대통령이 되지?'

내가 생각해도 기가 막혔다. 차라리 중학교를 갈 수 있게 해달라고 기도하고 꿈을 바꾸는 게 나을지도 몰랐다. 머슴살이하던 내게 권력은 너무 요원했고, 소작농의 아들로 태어난 내게 장관이나 대통령은 언감생심이었다.

다음으로 생각해 본 힘은 돈, 즉 재력이었다. 돈이 엄청나게 많으면 그 자체가 힘이 된다. 재력이 크면 클수록 나라와 민족,

사회를 위해 큰일을 할 수 있다. 그러나 밥 한 끼 먹을 것도 없는 형편에 어마어마한 재력을 어떻게 갖는단 말인가.

그러던 중 미국 대통령을 지낸 에이브러햄 링컨이 16세의 흑인 소녀가 쓴 책을 읽고 노예해방운동을 했다는 것을 알게 되었다. 이때 글을 쓰는 힘인 필력 역시 세상을 움직이는 힘일 수 있다는 생각이 들면서, 나도 필력을 가져야겠다고 마음먹었다. 역사를 살펴보아도 글을 잘 쓰면 그 글을 읽고 많은 사람이 감동을 받아 혁명이 일어나기도 하고, 세상이 뒤바뀌기도 했다.

힘에 대한 나의 생각이 서서히 좁혀지기 시작했다. 필력, 설득력, 판단력, 기획력, 추진력, 정보력 등이 내가 키워야 할 힘이라는 생각에 이르렀다. 이 힘들을 얻기 위해서는 공부를 해야 하는데, 그 공부는 학교에 가야만 할 수 있다는 판단이 들었다. 초등학교를 졸업하고 머슴살이만 하고 있던 내가 중학교를 가야겠다고 결심한 것은 오직 힘을 키우기 위해서였다.

이제 내가 키워야 할 힘은 찾았는데, 중학교에 갈 방법이 없었다. 눈만 뜨면 밭에 나가서 소들에게 풀을 먹이고 농사일을 거들어야 하는데, 어떻게 학교를 갈 수 있다는 말인가? 초등학교를 졸업한 후 3년 동안 나는 머슴살이만 하고 있었다. 언제나처럼 나는 대답을 찾을 때까지 기도에 매달렸다. 하나님이 나의 기도를 들으시는 것은, 내가 끈질기게 매달려서인지도 모른다. 몇 날 며칠을 기도한 끝에 하나님께서 내 마음속에 한 가지 확신을 주셨다.

'현재 여건에서 최선을 다해라!'

동네에서 둘째가라면 서러울 정도로 노력파인 나에게 하나님은 최선을 다하라고 하셨다. 그게 무슨 뜻인지 처음에는 잘 몰랐다. 최선을 다하라고 하시니, 무조건 새벽에 눈떠서 새벽기도를 다녀온 뒤 지게 지고 들에 나가 일하고 아침 먹고 또 지게를 지고 나가 농사를 지었다. 그것이 내가 처한 현실이었다.

그러는 가운데 하나님이 말씀하신 '현재 여건'을 찾았다. 키우던 토끼 몇 마리를 장날에 내다 팔아 《중학교 강의록》이라는 책을 손에 넣게 된 것이다. 나처럼 중학교에 못 간 학생들이 공부할 수 있도록 돕는 참고서였는데 친구 광연이의 도움으로 알게 된 책이었다. 광연이는 요샛말로 나의 '절친'이었고 도청 소재지인 전주에 있는 중학교에 입학한 유복한 집 아들이었다.

나는 지게 속에 그 책을 넣고 다니며 들에서 잠깐 쉴 때나 길을 걸을 때도 읽으면서 손에서 놓지 않았다. 그 책을 다 외운다고 해서 중학교를 가는 것도 아닌데 그것이 내가 할 수 있는 '최선'이었기에 무조건 열심히 독학으로 중학교 과정을 공부했다. 그 다음 일은 생각하지 않았다. 오직 하나님의 말씀에 순종할 뿐이었다. 초등학교 때는 반장도 하고, 전교에서 1, 2등을 하던 나는 중학교 과정을 독학으로 공부했다. 그때 내 나이, 열여덟이었다.

다른 한편으로는 하루도 거르지 않고 새벽마다 울면서 기도했다. 중학교에 가고 싶다고, 그래서 이 나라와 민족을 변화시키고 싶다고 하나님께 매달렸다. 열여덟이나 먹은 녀석이 하나님께 눈물콧물 흘리며 매달렸다. 그만큼 나는 공부할 기회를 얻고 싶었다. 하나님께서는 그렇게 흘린 나의 눈물을 어머니를 통해 닦아 주셨다.

어머니는 우리 교회뿐 아니라 임실읍 내에서 열리는 각종 부흥집회에도 빠지시는 법이 없었는데, 마침 읍내에서 열리는 군내 제직연합회에서 국회의원인 엄병학 장로님 댁에 갈 기회가 있었다. 그 댁의 초대를 받아 식사 대접을 받은 어머니는 아무런 사심 없이 장로님과 사모님에게 내 이야기를 꺼내셨다. 그런데 엄병학 장로님과 사모님이 나를 보고 싶다고 부르신 것이다. 기도하는 어머니에게 하나님께서 그때 할 말을 가르쳐 주신 것이다. 하나님은 어머니도 나도 상상조차 못한 뜻밖의 방법으로 나에게 길을 열어 주셨다. 나는 그 다음날로 장로님 댁에 갔다.

당시 장로님에게는 열 살, 여덟 살 된 두 자녀가 있었는데, 나를 좋게 보시고 두 아이의 입주 가정교사로 채용하셨다. 그렇게 얻은 기회는 하나님만이 마련하실 수 있는 최적의 방법이었다.

태어나서 처음으로 나만의 방이 생긴 것은 물론 숙식과 학비까지 다 해결되었다. 중학교 교복을 입고 동네를 걸어가던 친구들도 더 이상 부러워할 필요가 없었다.

그런데 막상 집을 떠나려고 하자 마음이 편치만은 않았다. 부모님과도 떨어져야 하고, 동생들도 걱정이었다. 가정교사로 가면 잘 먹고 잠도 따뜻하게 자겠지만 나 혼자 잘 되기 위해 떠나는 것 같아 내내 마음이 불편했다.

"태영아, 하나님께서 널 인도하시는가 보다. 가서 잘해라!"

어머니는 연방 눈물을 닦으시며 나를 배웅해 주셨다. 어머니가 건강하기를 기도하며 나는 작은 보따리 하나 달랑 들고 읍내 엄병학 장로님 댁으로 들어갔다.

엄 장로님의 도움으로 나는 중학교 편입 시험을 보는 기회를 얻었다. 장로님은 내 시험을 위해 학교 교장 선생님에게 전화를 거셨고, 모든 일이 일사천리로 진행되었다. 그것이 무척이나 신기하고 감사했다.

그렇게 해서 나는 열여덟 살에 중학교 3학년으로 편입했다. 책이 해어질 정도로 보고 또 본 《중학교 강의록》으로 중학교 과정을 다 마쳤기 때문에 모든 시험을 90점 이상 받았고, 실력을 인정받아 입학이 허락된 것이다. 그때 얼마나 감사 기도를 올렸는지 모른다.

꿈에도 그리던 교복을 처음 입던 날, 다른 아이들에 비해 나이도 많고 지나온 세월에 눈물이 울컥 나기도 했지만, 나는 무엇보다 하나님에게 불가능이란 없음을 깨달았다. 하나님께 능치 못한 일은 하나도 없었다.

장로님 댁 두 아이들이 학교에서 돌아오면 같이 놀아 주고 공부도 가르치면서 순간순간 시골집 동생들이 생각났다. 밥은 먹고 있는지, 일만 하느라 다들 고생일 텐데 어디 아픈 데는 없는지 걱정이 끊이지 않았다.

그러나 오랜 시간이 흐른 뒤에도 나에게 이렇게 길을 열어 주신 것처럼 하나님은 우리 가족을 놓지 않으시고 끝까지 돌보아 주실 것을 믿으며 새벽마다 기도했다. 어떻게 시작한 중학교 생활인지 누구보다 잘 알기에 나는 단 일 분 일 초도 게으름을 피우지 않고 공부에 최선을 다했다. 힘들 때마다 하나님께서 내게 '현실 여건에서 최선을 다하라'고 하신 말씀을 기억했다. 그 결과 나는 늘 전교 수석을 놓치지 않았다.

> 꿈에도 그리던 교복을 처음 입던 날, 다른 아이들에 비해 나이도 많고 지나온 세월에 눈물이 울컥 나기도 했지만, 나는 무엇보다 하나님에게 불가능이란 없음을 깨달았다.

교회생활도 열심을 다해 주일학교에서 아이들을 가르쳤다. 아무것도 모르던 나에게 시간을 관리하고 목표를 세우는 것까지 일일이 가르쳐 주신 하나님을 그 아이들에게도 소개하고 싶었다. 그때부터 나는 늘 아이들과 함께 있는 것이 좋았고, 어린아이들에게 꿈에 대해 이야기하면서 보람을 느꼈다.

교감하다
하나님과 온전히
새벽종을 치며

입주 가정교사로 중학교를 다니면서 나는 임실읍 교회에 다녔다. 주일학교 교사를 하면서 교회에 점점 정이 들고 새벽마다 기도도 빠지지 않았다. 새벽기도를 갈 때마다 교회 종 치는 소리가 들렸다. 시골에 살 때는 동네에 시계가 몇 개 없어 시간 개념이 없었다. 게다가 유일하게 있던 우리 교회에서도 종을 치지 않아 새벽기도 때마다 몇 시인 줄도 모르고 갔다. 하지만 읍내로 나와 보니 시계가 여기저기 많았고, 새벽이면 일정한 시간에 맞춰 교회에서 종소리가 울려 퍼졌다.

나는 그 종을 치는 사찰 집사님이 따로 계시다는 것을 나중에야 알고 언젠가 나도 꼭 한번 그 종을 쳐보고 싶었다. 그러던 어느 날, 교회의 새벽 종소리가 나지 않아 웬일인가 하고 종각 밑에 서 있는데 목사님이 오셨다.

"목사님! 오늘은 왜 교회 종을 안 치나요?"

"응, 교회 종을 치는 사찰 집사님이 독감에 걸려 종을 못 치신단다."

그러고는 목사님이 뒤늦게 교회 종을 치려 하셨다.

"잠깐만요, 목사님. 제가 교회 종을 쳐 봐도 될까요?"

중학생이지만 나이도 있고 농사일도 오래한 터라 종을 칠 만한 힘은 충분했다. 목사님은 종 치는 요령을 나에게 가르쳐 주셨고, 나는 배운 대로 속으로 숫자를 세며 종을 쳤다. 팔이 아프기는커녕 그보다 더 뜻 깊은 일이 있을까 싶었다. 그리고 매일 종을 치고 싶은 마음이 들었다. 다음날도 종을 치고 싶어 눈을 뜨자마자 교회로 냅다 달렸다.

'집사님이 벌써 오셨으면 어쩌지…. 좀 더 치면 좋겠는데….'

하나님은 내가 얼마나 종을 치고 싶어 하는지 다 알고 계시다는 듯이 무려 일주일 동안이나 집사님을 꼼짝 못하게 하셨다. 그 덕분에 나는 집사님 대신 임시로 종치기를 계속 할 수 있었다. 나중에 그 집사님은 나의 마음을 아시고 그 일을 양보해 주셨다. 작은 일에도 최선을 다하는 것이 하나님을 기쁘시게 하는 것임을 알기에 나는 종 치는 일도 최선을 다했다. 종을 치면서 내 마음도 기뻤고, 교회 종 치는 일은 나의 하루 일과 중 단연 일순위였다.

"땡 땡 땡그렁…."

정확히 시각을 알리는 종치기의 사명을 생각해 본다. 그리고 정확한 그 시각이 누군가에게는 고역의 순간일 테고, 또 누군가에게는 가슴 설레는 기적의 순간일 것이다. 그 시각을 알리는 일을 하면서 나는 시간을 창조하신 하나님께 기도했다.

'하나님! 시간을 만드신 하나님! 나의 시간을 주님께 드립니다. 나의 시간을 주님을 위해 쓸 수 있도록 도와주십시오. 나의 시간을 주님을 위해, 이 민족을 위해 쓸 수 있도록 힘을 주십시오!'

내 영혼이 살아서 온전히 하나님과 교감하는 시간이 바로 그 새벽종을 치는 순간이었다. 나는 누군가의 귀에 가 닿기를 바라는 마음을 담아, 하나님의 귀에 내 기도를 올려드리며 교회 종을 쳤다. 나는 더없이 거룩한 종치기가 되었다.

아무것도 때 묻지 않은 새벽의 고요함 속에서 맛보는 충만한 은혜는 새벽종을 쳐 본 사람만이 알 것이다. 하나님은 부모님과 떨어져 있는 나의 외로움을 채워 주셨고, 남의 집에 기거하며 두고 온 동생들을 염려하는 나의 마음을 다독여 주셨다. 그리하여 온전히 하나님만으로 가득한 하루를 시작할 수 있도록 에너지를 주셨다. 종을 치는 일은 어찌 보면 지극히 작은 일에 불과했다. 그러나 적어도 나에게 그 일은 하나님과 온몸으로 마주 서서 마음껏 소리치는 고백이요 찬양이었다.

'하나님! 감사합니다. 저 잘 지내고 있습니다. 하나님! 감사합니다. 실력을 잘 키우고 있습니다!'

고향 떠난 자식이 아버지에게 편지라도 쓰듯 전력을 다해 "땡 땡 땡그렁! 땡 땡 땡그렁!" 종을 울렸다. 어둠 속에 있던 내 인생에 빛을 주신 것처럼 많은 사람이 깊은 잠에서 깨어나 빛 되신 주님을 믿게 해달라고 기도하고 또 기도했다. 생존에서 벗어나 인생을 꿈꾸게 하신 하나님, 하루하루를 벗어나 미래를 계획하게 하신 하나님께 나의 시간을 아낌없이 드렸다.

내 영혼이 살아서 온전히 하나님과 교감하는 시간이 바로 그 새벽종을 치는 순간이었다. 나는 누군가의 귀에 가 닿기를 바라는 마음을 담아, 하나님의 귀에 내 기도를 올려드리며 교회 종을 쳤다.

비가 오나 눈이 오나 바람이 부나 하루도 빠지지 않고 새벽녘 적막강산에 울려퍼지는 종소리를 듣는 즐거움은 아무나 느껴볼 수 없는 일이다. 하나님은 종을 치는 나에게 더 큰 꿈을 갖게 하셨다. 힘을 키우기 위해 공부해야 한다는 생각을 주시고, 중학교까지 보내더니, 이제는 공부에 좀 더 매진해야 한다는 확신을 주셨다. 다음 단계는 고등학교 진학이었다. 그 꿈을 하나님께 더 맑고 더 깊은 기도로 올려드리고자 나는 새벽마다 있는 힘껏 종을 울렸다.

'하나님은 불가능해 보였던 제 모든 기도를 들어주셨습니다. 이제 더 공부하고 싶은데 길을 열어 주십시오. 하나님을 위해 더 공부하게 도와주십시오!'

하나님이 나의 기도를 어떤 방법으로 들어주실지 궁금해 하거나 의심하지 않았다. 하루를 하나님께 기도하는 것으로 시작한 것처럼 그 어떤 두려움이나 염려 없이 고등학교 진학 문제를 하나님께 내어 맡겼다. 주일학교 전도사님은 늘 우리에게 전심으로 기도하면 하나님이 응답해 주신다고 하셨고, 나는 하나님께 가난에 찌들린 이 나라와 농촌을 발전시키고 싶다고 기도했으니 걱정할 것이 없었다. 별빛 속에 빛나는 주님, 어두운 새벽에 말씀하시는 그 주님이 바로 지금까지 나를 인도하셨기에….

지금도 나는 가끔 시골에 갔다가 새벽 종소리를 들으면 열여덟 류태영으로 돌아간다. 누군가 하나님과 즐거운 대화를 나누고 있구나, 마음을 담아 길고 긴 기도를 올리고 있구나 생각하면서 말이다.

새벽마다 종을 치던 그 무렵, 전교생이 운동장에서 조회를 했는데, 교장 선생님의 훈화 가운데 특별히 기억나는 말씀이 있었다.

"학생 여러분! 요즈음 이른 새벽에 교회 종소리가 나는데 그때 일어나 공부하고 있습니까? 누구는 이른 새벽에 일어나 종을 치는데 그때까지 잠자리에 있으면 안 됩니다. 부지런해야 합니다. 일어나 공부해야 합니다!"

그 말씀을 들은 나는 '교장 선생님! 그 종은 바로 제가 치고 있습니다!'라고 속으로 외쳤다. 마음 가득히 뿌듯함이 올라왔다. 그리고 나에게 새벽마다 일어나는 부지런함을 주신 하나님께 한참 동안 감사의 기도를 올렸다.

누구 하나 나에게 교육을 강조한 적이 없고 교육의 기회를 미리 제공해 주지도 않았다. 나의 간절한 소망을 전심으로 하나님께 아뢰었을 때 하나님이 그 사람들을 내게 붙여 주셨고 기회를 만들어 주셨다. 분명 기도는 기도하는 사람의 상황을 변화시킨다. 그러나 더 분명한 것은 기도하는 사람을 바꾼다는 사실이다. 불가능한 것 너머에 계신 하나님을 보게 하고, 이룰 수 없는 많은 장애 요인들보다 이루어야 하는 더 절실한 목표를 보게 한다.

第3部

꿈을 위한 기도를 쉬지 않다

칠전팔기 기도
고등학교 입학을 위한

'눈 깜짝할 사이'라는 말이 있다. 나에게는 중학교 시절이 그랬다. 교복을 입고 학교에 처음 간 게 엊그제 같은데 3학년으로 편입을 하다 보니 어느새 졸업이었다. 나이는 나보다 어리지만 친구들은 졸업과 동시에 고등학교 진학을 준비했다. 임실읍에는 고등학교가 없어서 다들 도시로 나갔다. 하지만 나는 달랐다. 현실적으로 고등학교 진학을 위해 내가 할 수 있는 최선은 교회 새벽종을 치며 하나님께 도움을 청하는 것이 전부였다.

입주 가정교사도 내가 중학교를 다니는 동안만이었기 때문에, 졸업과 동시에 사실상 그 집에서 나와야 했다. 그런데 엄병학 장로님이 다시 국회의원에 출마하셨고 나는 미력하나마 그 일을 돕게 되었다. 덕분에 내가 키워야 하는 힘의 실체를 많은 사람에게서 확인할 수 있었다. 그것이 어떤 종류의 힘이든 사람들에게 존경과 영향력을 주기 위해서는 반드시 힘이 있어야 한다는 사실을 현장에서 강렬하게 체험했다.

'그래, 고등학교에 가서 공부를 더 해야 해. 그래야 힘을 기를 수 있어!'

하나님은 내게 수많은 고민 가운데서도 항상 기도를 쉬지 않게 하셨다. 기도를 통해 하나님은 다양한 지혜를 주셨고 적절한 기도 응답을 주셨다. 새벽기도를 쌓아 갈수록 하나님은 나의 꿈에 대해 더욱 강력한 동기부여를 해주셨다. 그리고 이 세상에서 가장 확실한 나의 지원군인 어머니를 떠오르게 하셨다. 나를 위해 늘 기도해 주시는 어머니에게 나의 고민을 말씀드리기로 했다.

"어머니! 저 서울 가고 싶습니다."

'사람은 낳으면 서울로, 말은 낳으면 제주도로'라는 말도 있듯이 나의 뜻을 펼치려면 서울에 가야겠다는 생각이 들었다. 뜬금없이 서울에 가고 싶다는 나의 말에 어머니는 깜짝 놀라셨다.

"그래? 서울에 가서 뭐 하려고?"

"고등학교에 진학해 공부를 더 하고 싶어요."

집에는 당장 먹을 끼니도 없는데 서울에 가서 공부를 하겠다고 하니 어머니도 눈앞이 캄캄하셨을 것이다. 그러나 어머니는 나의 굳은 의지를 말릴 수 없음을 아셨는지, 서울 가는 차비를 마련해 주셨다. 그리고 그 어떤 불평이나 신세한탄도 하지 않고 내 손을 붙잡으며 한 가지 당부만 하셨다.

"태영아! 서울 가면 꼭 성공해라. 공부를 해야겠다는 네 꿈이 이루어질 때까지 열심히 해야 한다. 하나님이 지켜 주실 거야."

어머니는 물 설고 낯선 서울로 나를 올려 보내면서 단 하나, 하나님이 나와 함께 있다는 믿음을 확신시켜 주고 싶어 하셨다. 어머니와 오랜 세월 떨어져 지내면서도 늘 어머니와 함께 있다고 느낄 수 있었던 것도 하나님에 대한 어머니의 믿음 때문이었으리라. 어머니가 믿는 '전지전능하신 하나님'이 나와 함께 계시다는 그 믿음이 이제는 서울에서 나를 강하게 붙잡아 줄 것이었다.

나는 어머니가 장리빚(추수 때가 되면 높은 이자를 쳐서 갚기로 하고 쌀을 빌리는 것)을 얻어 서울행 차비를 마련해 준 것을 알면서도 받을 수밖에 없었다. 그만큼 나는 간절했고, 또 떠나지 않고는 견딜 수 없을 만큼 내 안에서 뭔가가 꿈틀거렸다. 하나님이 우리 가족을 선하게 인도해 주실 줄 믿고 나는 나의 꿈을 이루기 위해 과감히 집을 떠났다. 얼마나 엄청난 고생이 나를 기다리는지도 모른 채

나는 하나님이 내게 주신 꿈에 순응했다. 집에서 나올 때 어머니는 도시락을 보자기에 싸 주셨다. 팥이 섞인 찰밥과 소금과 깨소금을 넣어 볶은 소박한 반찬이었다. 임실에서 서울까지 완행열차로 13시간이나 걸렸다. 나는 가는 동안 어머니가 정성스레 싸 주신 도시락을 먹으며 어머니의 사랑을 음미했다.

나는 서울에서 보낸 첫날밤을 아직도 잊지 못한다. 아는 사람 한 명 없이 무작정 서울로 갔으니, 당연히 갈 데도 없었다. 서울역에서 나는 첫날밤을 보내기로 했다. 그날 밤 나의 각오는 비장했다. 사실 서울행이 처음은 아니었다. 중학교에 들어가기 위해 1950년 6·25 직전에 둘째 형님을 찾아 서울에 온 적이 있었다.

나는 앞날에 대한 두려움이 전혀 없었다. 새벽기도를 하며 나를 포근히 감싸 주신 하나님이 나를 에워싸고 계심을 느끼며 내가 할 일을 찾아 해나가기만 하면 되었다.

그러나 형님도 사는 게 여의치 않아 조그마한 문간방 한 칸에서 형수님과 조카딸 복순이, 이렇게 세 식구가 지내고 있었다. 형님은 길가에서 행상을 하며 근근이 생계를 유지하는 무직 노동자로 살았다. 그나마 전쟁 통에 그 형님마저 실종되어 서울 천지에 아는 사람이라곤 아무도 없었다.

서울역에 자리를 잡고 누우려던 순간 마침 기차를 타고 올 때 내 옆자리에 앉았던 아저씨가 나에게 다가왔다.

"학생, 오늘 저녁은 늦었으니 우리 집에서 자고 내일 바로 고향으로 내려가게!"

기차에서 아저씨에게 나의 이런저런 사정을 이야기하자 아저씨는 무척 놀라며 서울에 아는 사람 없이 올라온 나를 걱정했다. 그리고 나를 안타깝게 생각해 자신의 집으로 데려가려는 것이다.

'아, 하나님께서 나를 위해 서울에서의 첫날밤을 이렇게 예비해 주셨구나.'

나는 마음속으로 하나님께 감사 기도를 올렸다.

아저씨의 도움으로 나는 기차역에서의 첫날밤 신세를 면할 수 있었다. 동대문 밖 신설동 시장 안에서 양복점을 운영한다는 아저씨는 조그마한 방 한 칸이 전부인 자신의 집으로 안내했다.

"집은 누추하지만 그래도 서울역 찬 바닥에서 자는 것보다 나을 거네."

아저씨의 다섯 식구들도 옹기종기 붙어 자야 하는 좁은 방이었지만 나의 처지를 걱정하여 데리고 온 아저씨의 마음이 무척이나 고마웠다. 그날 밤 그 집에서 하룻밤 신세를 지면서 나는 다짐하고 또 다짐했다.

"하나님! 반드시 이 서울에서 성공하게 해주십시오. 하나님을 위해 쓰임 받는 사람이 되어 이 나라와 민족을 발전시키게 해주십시오. 그러기 위해 저는 고등학교에 가야 합니다. 고등학교에 갈 수 있도록 길을 열어 주십시오."

새벽기도에서 늘 기도했던 것처럼 나는 전쟁 직후 우리나라의 현실 앞에서 기도하지 않을 수 없었다. 아무리 열심히 살아도 전쟁의 후유증으로 도시나 시골이나 사는 것이 전쟁이었다. 먹고사는 문제마저 해결되지 않는 이 가난한 나라를 도와 달라고 간절히 기도했다. 나 역시 당장 내일 먹을 음식도 잠자리도 막막한 처지였지만, 하나님은 내 개인의 생계보다 나라와 민족을 위한 기도를 더 하게 하셨다.

초등학교, 중학교, 이제는 고등학교까지 무엇 하나 쉽게 얻은 적이 없는 나였다. 나이가 되고 때가 되면 자연스럽게 학교에 들어가는 것이 나에게는 허락되지 않았다. 언제나 목숨 걸고 기도해야 했고, 잠자는 시간을 쪼개 가며 열심히 일해 돈을 모아야 했다. 그리고 졸린 눈을 비비며 공부했다. 일도 공부도 게으름을 피워서는 무엇 하나 손에 넣기 힘든 것이 나의 현실이었다. 그러나 나는 나보다 더 쉽게 진학하고 공부만 하면 되는 아이들의 넉넉한 환경에 관심을 두지 않았다. 내가 기도하고 노력하고 방법을 찾으면 언제나 기적처럼 하나님의 도우심이 있었기에, 오히려 늘 나의 한 해 한 해는 기대 이상이었다.

나는 앞날에 대한 두려움이 전혀 없었다. 새벽기도를 하며 나를 포근히 감싸 주신 하나님이 나를 에워싸고 계심을 느끼며 내가 할 일을 찾아 해나가기만 하면 되었다. 그 마음으로 서울에서도 해볼 작정이었다. 시골에서 거친 손을 비벼 가며 눈물로 기도할 어머니를 생각할 때 시간을 헛되이 보낼 수 없었다.

다음날, 나는 서울 시내로 나와 이리저리 돌아다녀 보았다. 서울 온 지 이튿날부터 나는 줄곧 노숙자 신세였다. 방 한 칸 얻을 돈도, 며칠만이라도 몸을 누일 만한 공간도 없었다. 그래도 나는 절망하지 않았다. 오히려 기차역에서 새우잠을 자면서도 일기장을 꺼내 일기를 써 내려갔다. 일기장의 처음은 단연 말씀으로 시작했다.

"내게 능력 주시는 자 안에서 내가 모든 것을 할 수 있느니라."

엄 장로님 댁에서 다니던 임실읍 교회 목사님으로부터 받은 성경 말씀이었다. '빌사일삼'(빌립보서 4장 13절), 어떻게 해야 성공하는지 방법을 가르쳐 달라고 조르던 나에게 목사님이 알려 주신 성공의 해결책이었다. 나는 그 뜻이 무엇인지도 잘 모른 채 무조건 일기장에 적어 늘 마음에 품고 다녔다.

6·25 전쟁이 끝나고 집도 가족도 잃고 오갈 데 없는 사람들은 너나없이 추위를 피하기 위해 서울역으로 모였다. 1954년의 노숙자들은 모두 나와 같은 처지였다. 나는 구두닦이와 신문팔이

를 하면서 노숙의 생활을 이어갔다. 그렇지만 그때도 새벽기도를 빼먹지 않았다. 지금도 정확히 기억나는 교회인데, 이름이 영도교회였다. 그때 같이 교회 다닌 몇몇 사람과는 지금도 만나고 있고, 모두 열심히 살아서 신앙적으로나 사회적으로 성공했다.

당시 나에게 교회 외에는 안식처가 없었고, 누구 하나 관심 있게 나를 지켜봐 주는 사람도 없었다. 옷도 후줄근한데다 잘 먹지 못해 등이 구부러진 나를 아무도 가까이하려 하지 않았다. 하지만 마음만큼은 변함이 없었다. 시골집을 떠날 때 어머니와 한 약속도 잊지 않았다. 어머니와의 약속을 지키고 고등학교에 들어가려면 돈부터 벌어야 했다. 나는 기차역에서 신문지를 깔고 지내면서 눈에 불을 켜고 일자리를 찾았다. 신문팔이 학생이 눈에 띄어 그 아이의 안내를 받아 며칠 동안 길가를 다니며 신문을 팔았다. 돈을 모으려고 시작한 신문팔이인데 어떤 날은 오히려 돈을 뜯기기도 했다.

"신문이요! 신문이요!" 하고 외치며 뛰어다니는데 "야! 이 새끼, 거기 서!" 하며 학생복을 입은 깡패 세 사람이 앞을 가로막았다.

"야! 돈 내놔!" 하며 협박을 하는데, 나에게 돈이라도 빌려 준 사람처럼 당당했다.

나는 무조건 "형! 좀 봐줘. 나는 돈이 없어" 하면서 매달렸다.

그러자 우두머리격인 한 아이가 "이 새끼, 한방 날려!" 하고 옆의 아이들에게 명령했다. 그러자 나를 세게 한 방 치더니 내 몸을 뒤져 신문 몇 장 팔고 받은 동전 몇 닢을 꺼내어 대장에게 주었다. 그 돈을 받은 대장은 대뜸 "이 새끼, 돈도 안 갖고 다녀?" 하며 미군 군화발로 내 정강이를 걷어찼다. 얼마나 세게 맞았는지 뼈가 하얗게 보일 정도로 다쳤고, 지금도 그 흉터가 남아 있다. 그때 돈을 뺏기면서 나는 이를 악물고 다짐했다.

> 누구에게나 힘든 시간들은 있다. 그러나 어떤 사람은 그 시기를 잘 이겨 내고, 또 어떤 이들은 그렇지 못하다. 나는 무슨 일이 있어도 나에게 허락된 고난 앞에 무릎 꿇지 않겠다고 몇 번이고 다짐했다.

'내가 지금 꼴이 거지 같아서 네가 나한테 이러는 모양인데, 열심히 공부해서 나중에 네가 나에게 무릎을 꿇고 도와달라고 빌게 만들겠다.'

그리고 기도했다.

'하나님! 이 상배를 통해 니에게 자극을 주어 더 열심히 공부해야겠다는 생각이 들도록 결심을 다지게 해주시니 감사합니다. 더 열심히 공부하겠습니다.'

하루 세 끼를 국화빵이나 수제비 한 그릇으로 버티면서 신문을 팔았는데도 돈은 모이지 않았다. 방법을 바꿔야 했다. 신문팔이로 고등학교에 가려면 몇 년이 걸릴지 알 수 없는 노릇이었다.

그때 번뜩 먼저 서울에 와서 일하고 있는 친구 류석규가 떠올랐다. 운 좋게도 나는 석규의 도움으로 당시 대방동 전철역 앞에 있던 미군부대에서 구두닦이로 일하게 되었다. 그곳은 예전에 비하면 천국이나 마찬가지였다. 이해할 수 없는 미군들의 모욕도 아무렇지 않게 이겨 냈다. 구두닦이 하러 서울에 온 것이 아니기에 나를 대하는 그들의 태도는 내게 아무런 영향을 끼치지 못했다. 그런데 신문도 팔고 구두도 닦으며 돈을 아무리 모아도 주머니에 남는 것이 없었다.

'하나님, 이러다 제가 학교에 갈 수 있을까요? 신문 팔고 구두 닦으러 서울 온 게 아닌데…. 주님, 저 학교에 가야 합니다.'

아무리 돈을 아끼고 꼼꼼이 가계부를 써도 돈은 쉽사리 모이지 않았다. 방법은 하나뿐, 지출을 더 줄이는 것이었다. 지출이라 봐야 하루 먹는 식비가 전부였다. 먹는 날보다 먹지 않는 날이 더 많았다. 영양실조로 기운이 없어 길을 가다가 머리가 핑 돌며 쓰러지기도 하고, 비틀거리며 간신히 걸어 다닐 정도였다. 공부하러 서울에 온 내가 쓰레기통에서 먹다 버린 음식이나 빵을 뒤지고 있으리라고는 아무도 상상하지 못했을 것이다. 이런 내 모습을 어머니가 보셨다면 그 마음이 어떠셨을까. 그러나 나는 아무런 수치심도 없이 쓰레기통을 뒤져 허기를 달랬다. 내게는 수치심보다 학교에 들어가는 것이 더 중요했다.

마침 미군부대에서 일하던 동료 중 야간학교에 다니는 학생이 있었다. 그 학생에게 고등학교에 들어가는 방법을 묻고 먼저 하나님께 간절히 기도를 드렸다. 입학시험도 끝나 버리고 개학한 지 두 달이 지났지만, 그 학교에 꼭 입학하겠다는 마음으로 동료를 따라 야간학교에 갔다. 노량진 산꼭대기에 있는 동양공업고등학교였다. 학교에 갈 때부터 나는 마음을 단단히 먹었다. 무슨 수를 써서라도 입학 허가를 받아야 했다. 사실 입학시험도 보지 않았고 입학금도 없고 입학철도 아니라 나의 입학을 허락할 리 만무했다. 하지만 그런 걱정과 염려도 나에게는 사치였다. 그저 지금이 기회라는 생각뿐이었다.

학교에 가자마자 나는 곧장 교장 선생님 방으로 갔다. 서무과장실을 거치는 동안 면회를 시켜 주지 않아 실랑이를 한 끝에 교장 선생님 앞에 무릎을 꿇고 사정 이야기를 하며 애원했다.

"교장 선생님, 저는 시골 두메산골에서 올라온 아이입니다. 소작농인 아버지가 새벽부터 밤늦도록 일을 하시는데 저희 식구들은 밥 한 끼조차 못 먹을 때가 많습니다. 그것이 아버지 탓이라고 생각하지는 않습니다. 저에게는 꿈이 있습니다. 저를 입학시켜 주시면 반드시 힘을 길러 가난한 한국 농촌을 구하고 싶습니다. 입학금도 없고 개학한 지도 몇 달 지났지만 공부는 따라잡을 자신이 있습니다. 수업료는 구두닦이를 하여 매월 분납하겠습니다. 그러니 꼭 입학 허가를 내 주십시오."

나의 단호한 태도에 김봉주 교장 선생님은 나를 학교에 입학시켜 주셨다. 지금도 잊지 못하는 김봉주 교장 선생님…. 그분의 배려가 없었다면 나는 야간 고등학생이 못 됐을 것이다. 입학금도 없는 주제에 무슨 용기가 났는지, 나는 늦깎이 고등학생으로 공부하며 대학도 가고 유학도 가는 더 큰 꿈을 키웠다. 그러나 나의 형편은 언제나 어려웠다. 입학금이 없어 한 달에 한 번 내는 월사금을 매주 나눠서 할부로 냈다. 그간 번 돈을 고등학교 월사금으로 내고 나면 밥 먹을 돈도 없어서 굶기가 일쑤였다. 남의 집 문 앞 쓰레기통에 버려진 찬밥을 주워 여기저기 묻은 연탄재를 털어내 먹기도 하고, 곰팡이가 펴 버려진 곰보빵을 곰팡이가 낀 부분만 뜯어 내고 먹기도 했다. 식중독 따위는 나중에 걱정할 일이었다. 그러한 시간이 무려 13년이나 계속되었다. 공부하고 싶어 서울에 온 내가 13년을 거리에서 쓰레기통을 뒤지며 먹을 것을 해결한 것이다.

누구에게나 힘든 시간은 있다. 그러나 어떤 사람은 그 시기를 잘 이겨 내고, 또 어떤 이들은 그렇지 못하다. 나는 무슨 일이 있어도 나에게 허락된 고난 앞에 무릎 꿇지 않겠다고 몇 번이고 다짐했다.

나는 다른 건 몰라도 진학과 학업에 관해서만큼은 누구에게든 자신 있게 말할 수 있다. 돈이 없어서 공부를 못했다는 것은 이유가 될 수 없다. 돈이 없으면 다른 방법을 통해서 얼마든지 할 수 있다. 나의 경우 그 길을 하나님께서 열어 주셨다. 누구 하나 나에게 교육을 강조한 적이 없고 교육의 기회를 미리 제공해 주지도 않았다. 나의 간절한 소망을 전심으로 하나님께 아뢰었을 때 하나님이 사람들을 내게 붙여 주셨고 기회를 만들어 주셨다. 분명 기도는 기도하는 사람의 상황을 변화시킨다. 그러나 더 분명한 것은, 기도는 기도하는 사람을 바꾼다는 사실이다. 불가능한 것 너머에 계신 하나님을 보게 하고, 이룰 수 없는 많은 장애요인보다 이루어야 하는 더 절실한 목표를 볼 수 있는 눈을 띄워 주시며 그 길로 인도해 주신다.

나는 아침과 낮에는 미군부대에서 일하고, 밤에는 공부하고, 새벽에는 기도하러 갔다. 그렇게 바쁜 와중에도 일기는 꼬박꼬박 썼다. 단 하루도 빼놓지 않고 쓴 말이 '감사합니다'였다. 새벽기도 하러 간 것도, 일을 하는 것도, 공부를 할 수 있는 것도, 죽지 않고 살아 있어 미래를 계획할 수 있는 것도 다 감사했다.

어느 날 나는 미군부대에서 구두닦이를 하다가 우연히 '유학'이란 말을 듣게 되었다. 그리고 그날부터 나도 반드시 유학을 가겠다고 결심했다. 야간 고등학교 1학년 때였다. 하나님께서 나를 유학까지 보내 주실 것을 믿고, 새벽기도회에 나가서 하나님께 서원기도를 하며, 머릿속에 분명하게 나의 유학생활을 그려 나가기 시작했다. 나는 빌사일삼의 말씀을 믿으며 확신을 가지고 기도했다.

　나의 삶은 조금씩 내가 그토록 바라던 꿈에 다가가고 있었다. 이 나라와 민족을 위해 내가 무슨 공부를 해서 어떤 힘을 길러야 할지 희미하던 무언가가 한 꺼풀 벗겨지기 시작했다. 공부를 통해 하나님이 내게 깨닫게 하신 꿈의 실체를 아주 조금 느끼게 되었다.

"하겠습니다"의 신앙

1956년 새해 첫날, '나의 신조'라는 제목으로 일기를 썼다. 다섯 가지 신조를 기록해 두었는데 그중 세 번째는 이것이다.

'부모님을 잘 공경하여 효자의 모범이 되어야 한다.'

부모에게 효를 행하는 것이 나의 생활 원칙이었다. 부모님이 돌아가시기 전까지 나는 최선을 다해 그 원칙을 지키려 노력했다. 내가 생각하는 효는 내가 할 수 있는 최선을 다하는 것이다. 많은 사람들이 서로 연락하면서 쉽게 꺼내는 말이 "언제 한번 보자"라는 말이다. 그런데 몇 날 몇 시에 보자고 구체적으로 정하지 않는 이상 그 말은 그냥 던지는 말뿐일 때가 많다. '내가 크면 효도해야지', '내가 돈을 벌면 꼭 효도해야지', '내가 장가가면 효도해야지' 하는 것은 다 소용없다. 현실 여건에서 최선을 다하는 것이 진정한 효다.

나는 서울역에서 잠을 자며 아침 점심을 굶고 하루 한 끼만 먹던 때에도 신문 팔고 구두 닦고 절약하면서 부모님을 위해 1년 동안 따로 저축을 했다. 아버지나 어머니 생신에 맞춰, 돈을 모으고 또 모았다. 그리고 아버지 어머니가 생신 때만이라도 맛있는 조기 한 마리나 돼지고기를 드실 수 있었으면 하는 마음으로 편지와 함께 돈을 부쳐 드렸다.

"아버지! 이번 생신에 찾아뵙지 못해 죄송합니다. 조기 한 마리 값을 동봉하니 생신날 맛있게 드십시오."

이렇게 하는 것과 날마다 잊지 않고 하나님께 부모님과 가족을 위해 기도하는 것이 내가 할 수 있는 최선의 효였다.

특히 아버지 회갑을 위해서는 무려 4년 동안 돈을 모아 부쳐 드렸다. 하지만 그것으로는 성에 안 차서 달리 방법이 없을까 고민하다가 서울로 모셔서 시내 구경을 시켜 드리면 무척이나 좋아하실 것 같았다. 그때 내 나이가 스물다섯이었는데, 장성한 아들이 번듯한 회갑 잔치는 열어 드리지 못하지만 서울 구경은 시켜 드려야겠다고 결심이 선 것이다. 나는 아껴 두었던 돈으로 아버지와 친구 두 분을 지극정성으로 모셨다. 남산도 가고, 창경궁도 모시고 갔다. 친구에게서 빌린 카메라로 기념사진도 찍어 드렸다. 그 사진들을 앨범으로 만들어 고향에 내려가실 때 동네 친구분들에게 자랑하시라고 선물로 드렸다. 그때 아버지의 얼굴에 번졌던 환한 미소가 아직도 또렷이 기억난다.

십계명에서 1~4계명은 하나님과 인간, 5~10계명은 사람과 사람 사이의 계명이다. 사람에게 가장 가까운 것은 가족이요 부모요 형제요 직장 동료들이다. 가족부터 사랑하고 주위 사람들을 사랑하는 것으로 커져 간다. 그중에 제일 큰 것이 부모를 공경하는 것이다.

내 자녀에게도, 친구들의 자녀에게도, 청소년들에게도 효에 대해 설명할 때, 자신이 지금 할 수 있는 최선을 다하라고 조언한다. 부모님이 지금 바라시는 것을 내가 어떻게 실천할 것인지에 대해 구체적으로 약속하고 그것을 행하라고 말해 준다. 그것은 하나님이 우리에게 가장 가까운 이웃으로 허락하신 부모님과의 사랑을 실천하는 일이다.

효는, 부모와 자녀 간의 일뿐 아니라 하나님과 우리 간에도 가능하다. 하나님은 우리의 아버지시고 우리는 그분의 자녀이기 때문이다. 그렇기에 우리는 어떻게 하면 아버지를 기쁘시게 할까를 생각하여 그것을 실천하면 된다. 한마디로 효는, '알겠습니다'가 아니라 '하겠습니다'의 신앙이다. 아는 것과 행하는 것은 다르다. 아는 것은 감동도 변화도 줄 수 없지만 무언가를 행하면 상대는 감동하고 변화된다.

돈 한 푼 없으면서도 유학을 꿈꾸고, 나는 굶어도 부모님께 돈을 보내 드릴 수 있었던 것은 내가 잘나서가 아니라 하나님이 나를 택해서 사용하시려고 했기 때문이었다.

서울에서 보낸 나의 시간은 대장간에서 연장이 만들어지는 과정과 같다고 생각했다. 뜨거운 숯불을 더욱 뜨겁게 풀무질하여 녹슨 쇳조각을 빨갛게 달구어 쇠망치로 때리고 구부리고 펴서 낫이나 호미를 만드는 대장간처럼 하나님은 쇳조각과도 같은 나를 날렵한 호미나 낫으로 만드시기 위해 뜨거운 불같은 시련을 주신 것이다. 하나님의 연장이 된다는 생각에 나는 얼마나 감사했는지 모른다.

편지와 함께 모은 돈을 동봉해 시골로 보내는 것이 내가 할 수 있는 최선의 효였다. 또한 시골에 떨어져 사는 부모님과 가족을 위해 매일매일 잊지 않고 하나님께 부탁하는 것이었다.

'하나님, 저를 더 뜨겁게 달궈 주십시오, 더 두들겨 주십시오!'

나는 마음속으로 빌고 또 빌었다. 그 기도는 더 많이 굶고 더 추운 데서 노숙하고 더 벌벌 떨고 더 쓰러지게 해달라는 뜻이었다. 그것은 진심어린 기도였다.

    가난했지만 늘 감사할 수 있었던 내가 받은 이 복을 다른 사람들도 기도를 통해 알 수 있기를 바란다. 돈 많이 벌고 건강하고 출세하는 것이 복이 아니라, 가난하고 천대받는 고난 속에서도 진심으로 감사하는 마음이 우러나오는 것이야말로 기도를 통해 얻는 최고의 복이다.

꿈의 삼박자, 감사, 기도

 야간 고등학교 시절에 다니던 영도교회는 천막을 치고 그 안에서 예배를 드리는 개척교회였다. 그 당시 나는 고등부 학생회장이었다. 주일과 수요일이면 교회 집회에 참석하고, 성가대와 교회학교 교사로 봉사하며, 금요일이면 학생회 회원 집을 순회 심방하며 마치 전도사처럼 예배를 인도했다. 그때 내 별명이 '류목사'였다.
 신문배달을 하던 때라 언제나 공부할 시간이 부족했다. 그러나 내 모든 장래를 하나님께 맡기고 안심했다. 대학에 가든 못 가든, 일류대학에 가든 삼류대학에 가든 반드시 하나님이 나를 위하여 길을 열어 주실 거라고 믿었고, 적은 시간을 쪼개 정신을 집중하여 공부했다.

그러던 중 내 꿈이 결정적으로 정해지는 계기가 있었다. 내가 무엇을 해서 이 나라와 민족을 잘살게 할 수 있는지에 대한 답을 류달영 박사가 쓴 《새 역사를 위하여》라는 책을 통해 얻은 것이다. 그 책은 그동안 듣도 보도 못한 덴마크에 관한 내용을 담고 있었는데, 그 나라가 농업으로 잘살게 되었다는 내용에 눈이 번쩍 띄었다. 나는 그때부터 덴마크라는 나라를 동경하기 시작했다. 신문을 팔고 구두를 닦고 일하면서 들은 '유학'을 덴마크로 가고 싶다고 생각했다.

나는 그 꿈을 일기장에 하나하나 적어 내려갔다. 일기장을 다 쓰자 노트 살 돈이 아까워 포대 뒷면에 일기를 썼다. 비록 거친 포대로 만든 일기장이지만, 그 안에는 하나님께서 이루어 가실 나의 원대한 꿈이 담겨 있었다.

기도와 감사, 그리고 민족을 향한 꿈이 있었기에, 나의 미래 계획은 좀 더 치밀해졌다. 대학을 가서 공부를 하고 유학을 가는 길이 더 선명해졌다. 신문 배달을 할 때도, 길가에서 아이스케키를 팔며 일할 때도 허투루 하는 법이 없었다. 최선을 다해 시간을 아끼고 돈을 모았고 공부도 열심히 했다. 그래서인지, 매사에 열심인 나를 지켜보던 주변 분들이 하나둘 도움의 손길을 내미셨다. 어떤 분은 국밥을 사 주시고 어떤 분은 운동화를 사 주셨다. 하나님께서 또 주위 사람들을 움직여 나를 감동시키신 것이다.

장사하는 사람들은 본전도 못 받는다는 말을 한다. 나에게 있어서 본전은 무엇일까. 그것은 아마도 나의 가장 어렵던 시절이 아닐까 싶다. 아무것도 가진 게 없던 그때, 기차역에서 노숙하고 밥도 굶던 그때가 나의 본전이었다. 그 시절에 비하면 지금은 빌 게이츠가 부럽지 않다. 눈만 뜨면 먹을 것이 있고 입을 것이 있고 일할 곳이 있으니 말이다. 지금까지 살아오면서 내가 만나는 사람들은 모두 나보다 나은 사람이라고 생각하고, 상대방에게서 뭔가 배울 것이 없는지 찾았다. 그 생각은 지금도 마찬가지다. 대학교 학장과 부총장을 지내고 이스라엘 대학에서 강의를 하고 세계 65개국 순회 방문도 하고 청와대에서 대통령을 모시고 초대 새마을운동을 담당하며 국가 발전에 작은 기여를 하기도 했지만, 내가 특출 난 능력이 있어서라고 생각해 본 적은 없다. 오직 하나님께서 능력 없는 나를 들어서 사용하신 것이다. 겸손으로 하는 말이 아니라 이것은 나의 진심이다.

그래서 더더욱 누구를 업신여기거나 함부로 대할 수가 없고 상대를 존경할 수밖에 없다. 그것은 그 옛날 본전을 생각할 때

가능한 일이다. 그 마음으로 상대를 보면 교육의 정도에 따라, 재산의 많고 적음에 따라 사람을 무시하거나 하대할 수 없다. 인생에서 마이너스란 없다. 누구나 본전 이상의 삶을 살 수 있다고 나는 믿는다.

하나님은 나를 끝까지 훈련시키셨고 언제나 기도대로 계획해 온 목표를 향해 나아갈 수 있도록 이끌어 주셨다. 눈을 뜰 때마다 불평하지 않고 감사할 수 있었던 원동력은 바로 그 '본전 생각' 때문이었다. 내게 그 본전을 허락하신 하나님께 감사할 따름이다. 하나님이 나를 이끌어 주시지 않았다면 나는 단 한 걸음도 나아갈 수 없었을 것이다. 그만큼 내 앞길은 막막한 어둠뿐이었다. 하나님은 나에게 내일을 꿈꿀 수 있는 희망을 주셨다. 무엇보다 감사한 것은, 나를 이끄시는 모든 과정에서 말할 수 없이 훌륭한 사람들을 내게 보내 주셨고 영향을 받게 해주셨다는 점이다. 그분들이 없었다면 오늘의 나도 없었다.

나는 항상 기도의 방법이나 원칙을 몰라도 우선 기도를 해야 한다고 믿었다. 그리고 그 기도를 하나님이 들으심을 굳게 믿었다. 그 믿음으로 나는 대학까지 들어갔고, 인생계획서라는 것을 쓰게 되었다. 인생계획서는 2주에 걸쳐 하나씩 써 내려갔다. 그날은 1964년 1월 7일이었다. 서울 온 지 만 10년이 흐른 뒤 내 인생의 밑그림을 다 그리게 된 것이다.

입학하다 정식 기도학교에 마침내

1963년 봄, 그러니까 내가 대학교 4학년 때였다. 예나 지금이나 이맘때면 누구나 취업 준비에 골몰하며 불투명한 미래에 대해 심각하게 고민하게 된다. 나 역시 머지않아 학생이 아닌 사회인이 될 사람으로서 내가 존경하는 몇 분에게 나의 인생 지도를 어떻게 그려야 할지에 대해 직접 지도 받고 싶었다. 그래서 고심 끝에 그분들에게 20여 쪽에 이르는 장문의 편지를 써서 등기우편으로 부쳤다. 그 편지에는 내가 그동안 살아 온 이야기, 품고 있는 꿈과 비전, 그리고 그 비전을 위한 계획 등을 소상히 적고 이것에 대해 존경하는 선생님의 고견을 듣고자 한다고 썼다.

당시 내가 나의 멘토로서 인생의 지침을 얻고자 한 분들은 한국 농촌 개발에 대하여 책도 쓰고 강연을 많이 하셨던 류달영 박사님과 농촌진흥원장(지금은 농촌진흥청장)이신 정귀남 박사님, 기독교계에서 존경 받는 강태국 박사님 등이었는데, 그분들은 한결같이 정중한 편지로 격려해 주시며 열심히 노력하여 한국 농촌을 부흥시키는 데 크게 기여해 줄 것을 당부하셨다.

그중 강태국 박사님이 직접 만나고 싶다고 연락이 와서 그 해 화창한 봄날, 연신내 근처 진관사 입구에 있는 한국성서신학교로 갔다. 당시 강태국 박사님은 그 학교 총장으로 계셨는데, 총장실에서 처음 만난 강 박사님은 평소 지면을 통해 존경해 마지 않던 인자하신 모습 그대로였다. 1시간여 내 얘기를 들어주신 강 박사님은 내 인생 설계와 이정표에 대해 다음과 같이 말씀해 주셨다.

"류 선생이 살아온 길과 앞으로 살아갈 길에서 가장 핵심이 되는 원동력은 신앙이라고 생각합니다. 그런데 하나님의 능력으로 일을 개척하고 추진하려면 신앙심은 물론이고 체계적인 신학 공부가 반드시 필요하다고 생각합니다. 우리 학교에 입학해 신앙과 기도의 진수에 대해 이론과 실제를 교육 받고 훈련했으면 좋겠습니다. 대학을 졸업하고 저희 학교에 입학하면 3학년에 학사 편입이 가능하니 2년만 공부하면 됩니다. 잘 생각해서 결정하기 바랍니다."

나는 그 후 몇 차례 더 강 박사님을 찾아뵙고 의견을 나누며 여러 면으로 검토를 거듭한 끝에 신학교에 학사 편입하기로 결정했다. 나는 지금도 당시의 결정이 옳았음을 의심하지 않는다. 이것 역시 하나님께서 인도하신 일이기 때문이다.

당시 나는 중구 저동에 있는 어느 전기회사 사장님 댁에서 입주 가정교사로 아이들을 가르치며 대학에 다니고 있었다. 가끔 사장님이 "류 선생! 이것 좀 도와줄 수 있어요?" 하며 일본과의 무역 거래 내용이 담긴 서신 번역(일본어를 한글로)과 일본에 수출하기 위한 상품 목록과 매뉴얼 번역(한국어를 일본어로), 그리고 각종 주문서의 영문 번역 등을 부탁했고, 그때마다 내가 해드린 일에 만족해하셨다. 이것이 계기가 되어 그분은 대학 졸업 후 자기 회사에 들어오면 일본 도쿄의 주재원으로 발령하겠다고 제안하셨다. 그러나 내가 공부를 더 해야 한다고 거절하자, 그분은 깜짝 놀라시며 "그렇게 지긋지긋하게 고생하면서 한 공부를 또 하려느냐"면서 "서울대와 연세대를 졸업한 일류 대학 출신의 인재들도 가고 싶어 하는 일본 주재원 자리를 기회가 주어졌을 때 가야 한다"고 강권하셨다. 그러나 나는 내 머나먼 인생길에서 가장 중요한 정신적 토대인 신앙과 믿음 그리고 기도에 대한 진수, 즉 생명에 관한 공부를 해야 한다고 말씀드렸다. 예수님을 안 믿는 사람으로서는 도저히 이해할 수 없는 일이었을 것이다. 그러나 나는 인생의 긴 항로에서 2년이라는 세월은 짧은 것이며 아무것도 아니라고 생각했다.

그때 한국성서신학교에 함께 입학한 동문들은 졸업 후 모두 목사님이 되어 목회에서 크게 쓰임 받고 있다. 그러나 나는 목사나 전도사가 되고 싶어 신학교에 입학한 것이 아니었다. 나는 내 신앙의 정체성을 이론적으로 정립하고, 하나님과의 감성적인 교류, 즉 성령의 은사를 더 깊이 받고 싶었고, 하나님과의 커뮤니케이션 통로인 기도의 정체성, 기도의 능력, 간절한 기도와 응답 등에 대해 더 잘 알고 싶었다.

신학교에서는 참 많은 것을 배웠다. 검증된 교수님들을 통하여 하나님과 성령에 관한 조직신학, 하나님의 속성, 성경의 탄생과정, 즉 정경화 과정(正經化 過程), 성경주석, 종교음악이 구원 사역에 미치는 영향, 기도를 통한 나와 다른 사람들의 변화개혁, 성령강림과 성령역사의 본질과 그 사역 등 참으로 유익한 신앙의 진수를 많이 배웠다. 그리하여 이단을 분별하는 눈과 하나님의 신성을 부정하는 신(新)신학을 구별할 수 있는 눈을 갖게 되었다. 우리가 무엇을 위해 기도해야 하고 하나님은 우리의 어떤 기도를 좋아하시는가에 대해서도 배웠고, 나라와 민족을 위해 그리고 우리나라 농촌을 개발하는 데 기독교 신앙과 정신으로 접근하는 사례들도 배웠다. 이때 일본의 가가와 도요히코(賀川豊彦) 선생의 종교교육과 국민정신개혁 사상에 대해서도 자세히 알게 되었다.

나는 이때 배운 신학과 신앙의 발전이 하나님이 내게 특별히 먹여 준 보약이요, 로열젤리라고 생각한다. 그때 섭취한 보약이 내 인생에 흔들림 없는 영양분으로 뿌려져 나의 신앙과 기도생활의 균형을 바로잡아 주고 있다. 만약 이때 내가 신학을 하지 않았다면 인생길에서 실족한 일도 많았을 것이다. 그렇지 않게 미리 예방해 주시고 인도해 주신 하나님께 무한 감사를 드린다.

무엇을 먹을까. 무엇을 입을까 늘 고민해야 했던 나이지만 하나님께서는 내가 굶어 쓰러져 걷지도 못할 만큼 내버려 두지 않으셨다. 하나님은 나에게 더 높은 가치를 위해 늘 기도하게 하셨고. 더 높은 기도제목들을 알려 주셨다. 그 기도가 있었기에 나는 초등학교도 가지 못할 형편에서 박사학위까지 받았고 교수가 되어 강단에 서는 영광을 얻었다.

第4部

산을 옮기는 기도

밟다 덴마크 땅을 새 역사를 위해

　산 넘어 산이던 나에게 단꿈 같은 신혼생활이 허락되었다. 사랑하는 아내를 만나 결혼을 하고 에덴동산에 있는 것 같은 행복한 시간을 보냈다. 하지만 곧 우리 부부는 떨어져 지내야 했다. 당시 나는 대안학교 형태인 용인복음농민학교 교장으로 재직 중이었고, 아내는 대학교에서의 학업이 끝나기 전이었던 것이다. 언제나 그렇듯 우리 두 사람을 이어주는 것은 기도요 하나님을 향한 열정과 믿음이었다.

아내를 두고 혼자서 용인에 기거하며 더욱 열심을 내어 학교 운영에 임했다. 그런데 웬일인지 뜻대로 되지 않았다. 운영자금 부족이 큰 원인이었다.

'하나님이 원하시는 게 뭐지, 왜 계속 안 되는 거지?'

이런저런 계획을 실천하려 해도 번번이 돈 때문에 진척되는 일이 없었다. 학생들과 함께 농업 수업을 하기 위해 재료나 종자, 기구들을 구입하려 해도 자금이 모자랐다. 생계를 위해 학교를 운영하고 아이들과 판매를 올릴 수 있는 작물만 키워야 했다.

'내가 생각한 농업학교가 이런 건 아닌데…'

류달영 박사의 《새 역사를 위하여》를 날마다 읽으며 덴마크의 농촌개발 성공 사례와 변화 과정들을 보고 또 보아도, 백문이불여일견이라는 생각이 점점 커졌다. 덴마크로 공부하러 가서 직접 보고 몸으로 느껴야 했다. 나는 앞뒤 상황 재지 않고 다시 새벽기도를 통해 하나님께 매달렸다.

덴마크에 유학을 가려면 내가 왜 덴마크로 유학을 가고 싶어 하는지에 대한 타당한 이유와 나의 강력한 의지를 보여 주는 것이 순서였다. 내 주변에는 덴마크를 다녀온 사람도, 덴마크에 대해 잘 아는 사람도 없었다. 하지만 꿈속에서나 그리워하는 것으로 지체할 수는 없었다. 행하는 것만이 열매를 맺을 수 있는 유일한 길이었다. 큰일이 앞에 닥칠수록 하나님은 늘 나에게 용기를 주셨다. 기도를 통해 반드시 그 일을 해내야 한다는 확신이 든 것이다. 게다가 아내까지 집은 걱정하지 말고 덴마크 유학을 다녀오라고 용기를 주었다.

나는 고민 끝에 농업선진복지국인 덴마크에 나의 형편과 농촌 문제에 대한 소견을 글로 써서 보내기로 했다. 나는 두어 달 걸려서 미래에 대한 포부와 꿈이 담긴 논문을 작성하고 자기소개서와 편지 형식의 진정서를 쓴 후 영어로 다시 번역했다.

그런데 문제는 도대체 누구에게 논문과 편지를 보내느냐였다. 아는 사람도 전혀 없고, 어느 대학에서 어떻게 공부해야 할지도 막막했다. 그러다가 새벽기도를 하던 중에 하나님께서 지혜를 주셨다. 덴마크 사람을 아무도 모를 바에는 그 나라에서 제일 높은 사람에게 보내는 게 좋겠다는 응답을 주신 것이다. 그러나 나는 그 나라에서 제일 높은 사람이 누군지도 몰랐다. 그래서 도서관에 가서 대백과사전을 뒤져 본 후 덴마크 국왕의 이름을 알게 되었다. 프레드릭 9세였다. 바로 그 국왕에게 편지를 보내라고 하나님이 내게 응답을 주신 것이다.

나는 당장 편지 봉투를 만들어 보내는 사람의 주소를 쓰고는 받는 이의 란에 덴마크 국왕의 이름을 적었다. 그러나 주소를 전혀 몰라 며칠 동안 전전긍긍하다가 그 나라 국왕을 모르는 사람은 없을 테니 '프레드릭 9세 임금님 귀하, 코펜하겐, 덴마크'라고

만 써서 보내기로 결심했다. 누구는 어린아이 같은 철없는 발상이라고 놀릴지 몰라도 나에게는 다른 선택의 여지가 없었다.

국왕으로부터 답장이 올지 안 올지는 예측불가였지만, 나는 기다리는 데는 자신이 있었다. 하나님이 시작하셨으니 그 결과도 하나님이 책임져 주시리라 믿었다. 내 인내심을 시험하기라도 하듯 한 달 동안 아무 연락이 없었다. 그런데 한 달이 지나 편지 한 통이 날아왔다. 분명히 내 주소, 내 이름이 적혀 있었고, 발신인은 덴마크 국왕 보좌관이었다. 편지봉투 안에는 A4 용지 반 정도 크기의 종이에 영문으로 3줄 반 분량의 글이 적힌 답장이 있었다. '국왕께서 귀하의 편지를 읽고 감동이 되어 당신의 뜻을 이루기 위해 행정부에 이첩을 했다'는 간단한 내용이었다. 그 날부터 10여 일 후 또 한 통의 편지가 왔다. 덴마크 외무성 차관보가 서명한 편지로 내가 원하는 기간과 장소에서 원하는 분야의 공부를 할 수 있도록 정부가 책임지기로 했다는 내용이 담겨 있었다.

정말 믿을 수 없는 일이었다. 우리나라 대통령에게도 편지 한 번 써본 일이 없는 내가 외국의 왕에게 편지를 쓰고, 그 편지의 답장을 받다니 놀라운 일이었다. 눈으로 덴마크 국왕의 편지를 보고 있어도 믿어지지가 않았다. 하나님의 은혜가 없었다면 엄두도 못 낼 일이었다. 어떤 사람은 내가 덴마크 국왕에게 달랑 편지

한 장 보내 국왕 초청으로 유학을 간 사람이라고 말한다. 그러나 그것은 13년 동안 새벽마다 기도한 후에 얻은 응답이었다.

나의 유학에 대한 꿈은 단순히 공부 좀 더 해보자는 막연한 생각이나 수많은 진로 가운데 하나가 아니었다. 나에게 유학이란 어린 시절부터 하나님께 기도드린 나의 꿈의 결정체였다. 그 꿈을 이루기 위해 나는 반드시 덴마크에 가야만 했다. 그래서 농촌을 계몽 발전시킬 수 있는 농업과 노하우를 배워 와야 했다.

사람은 누구나 꿈이 있다. 요즘 아이들에게 꿈이 뭐냐고 물으면 잘 모르겠다고 대답하곤 한다. 그렇지만 그 아이들조차 크든 작든 이루고자 하는 자신의 미래가 있게 마련이다. 글자를 배우던 초등학교 시절이나 유학을 기다리는 그때나 나는 단 하루도 사는 것이 팍팍하게 느껴지지 않았다. 내게는 꿈이 있었기 때문이다. 꿈이 없었다면 어디로 가야 할지 몰라 헤매고, 이리 갔다 저리 갔다 세월을 낭비하며 한탄하고 살았을 것이다. 내가 미래를 계획하고 마음의 간절함을 따라 하나님께 지혜를 구하는 것은 하나님이 심어 주신 꿈을 이루기 위함이었다.

덴마크 외무성에서 보낸 편지는 그 꿈을 이룰 수 있는 지원서와도 같았다. 그 지원서를 들고 가기만 하면 당장이라도 농촌을 변화시킬 수 있는 어마어마한 정보와 노하우들을 배워 올 수 있을 듯했다.

꿈을 갖는다는 것은 여인이 태 속에 아기를 가지는 것과 같다. 생명이 뱃속에 잉태되면 잘 자라서 언젠가 세상 밖으로 나오게 되어 있다. 이처럼 나의 꿈도 반드시 삶 속에 그 모습을 드러내고 말 것이라 믿었다. 그렇지 않고서는 그것은 꿈이 아니요, 몽상이자 망상이 된다. 임산부가 건강한 아기를 낳기 위해 태교를 하고 몸을 관리하고 건강에 신경 쓰듯, 하나님이 주신 꿈을 이루기 위해 매일 노력하고 관리해야 한다. 그래야 하나님의 방법으로 그 꿈을 이루어 갈 수 있다.

또 하나 중요한 사실은, 하나님께서는 꿈을 위해 우리에게 포기를 요구하신다는 점이다.

모든 것이 단번에 해결되어 덴마크로 가서 내가 원하는 대학에서 원하는 공부를 마음껏 할 수 있게 되었지만, 나의 발목을 잡는 걱정이 하나 있었다. 그것은 나의 아내와 딸 소미였다. 나는 한 집의 가장이었고, 딱히 벌어 놓은 돈도 없었다. 내가 공부한다고 외국으로 훌쩍 떠나 버리면 당장 가족의 생계가 문제였다. 그러나 아내는 내가 유학을 갈 수 있게 되었다는 소식을 듣자마자 뛸 듯이 기뻐했다.

"여보, 너무 잘 됐어요. 축하해요. 그리고 우리는 걱정하지 말아요. 하나님이 길을 열어 주셨으니 하나님이 나와 소미도 잘 지켜 주실 거예요."

그때 나는 느꼈다. 하나님께서 내가 감당할 수 없는 믿음의 여인을 아내로 주셨다는 사실을…. 아내 앞에 선 나의 모습이 한없이 초라해 보였다. 말할 수 없이 고맙고 또 미안했다. 아내의 단호한 믿음이 없었다면 나는 덴마크 땅을 밟아 보지 못했을 것이다. 지체하지 말라고 당부하는 아내의 격려에 힘입어 나는 바로 회신을 보냈다. 덴마크 말을 전혀 모르는 터라, 어학 과정부터 밟겠다고 했다. 그리고 어학공부를 마치기 전까지 생각해서 어느 대학 어느 과에서 얼마동안 공부하겠다는 말을 하겠노라고 회신을 보냈다. 그러자 얼마 후 덴마크 외무성에서 공식적인 초청장과 비행기표를 보내 왔다.

나는 용인복음농민학교를 신임 교장에게 맡기고 결혼식 주례를 해주셨던 강태국 박사님을 찾아가 아내를 부탁했다. 박사님은 아내에게 한국성서신학교 도서관 일자리를 주어 생계를 꾸릴 수 있도록 돌봐주셨다.

결혼한 지 1년 후인 1968년 7월 27일, 꿈꾸는 자에게 길을 열어 주시고 떠날 수 있도록 채비해 주시는 주님의 기적 같은 도우심으로 나는 덴마크행 비행기에 올랐다.

이 모든 것이 두 여인의 기도와 격려 덕분이라는 생각을 비행기 안에서 내내 했다. 한 여인은 어머니요 한 여인은 아내이다. 결혼 전에는 전적으로 어머니의 영향으로 믿음을 갖고 기도하는 습관을 갖게 되었고, 결혼 후에는 아내의 전폭적인 지지와 격려와 이해를 받았다. 사실 덴마크 국왕에게 편지를 보낼 수 있었던 것도 아내의 강력한 권유 덕분이었다. 나도 인간인지라 자꾸 마음이 약해졌는데 그때마다 아내는 나에게 용기를 주고 힘을 내도록 기도해 주었다. 이처럼 하나님께서는 두 여인을 통해 내 앞에 놓인 엄청난 인생길을 개척해 나가도록 인도하셨다.

기적의 학습법
익힌 덴마크어를

덴마크로 유학을 가던 날, 나는 태어나서 처음으로 비행기를 탔다. 직항이 없어서 일본 도쿄에서 하룻밤을 묵고 그 다음날 덴마크행 비행기로 갈아탔다. 덴마크 코펜하겐 공항에 도착하자 온통 주위에서 덴마크어만 들렸다. 영어나 독어, 일어, 불어는 대학에서도 들을 기회가 있었지만 덴마크어는 한 번도 들어 본 적이 없었다. 그렇다고 유학을 위해 따로 언어 공부할 여력이 없었기에 덴마크어가 신기하게만 들렸다.

사방에서 덴마크어가 들리자 나도 모르게 자꾸만 웃음이 터져 나왔다. 내 귀에 덴마크어는 새가 노래하는 것처럼 재잘거리는 소리로 들렸다. 하지만 그들의 말을 알아들을 수 없으니 슬슬 걱정이 되기 시작했다. 영어와 일본어까지 할 수 있었지만, 여기서는 꼼짝없이 벙어리 신세가 되어 버린 것이다. 호텔로 인도된 나는 그날 밤 하나님 앞에 무릎을 꿇었다.

"하나님 아버지!"

하나님을 부르긴 했는데 기도 소리가 전혀 나오지 않았다. 덴마크 외무성에서 최고의 예우로 학교에 입학시켜 주었고, 모든 것이 나를 위해 준비되어 있는 상황이었다. 그런데 무엇을 더 하나님께 구한단 말인가. 면목이 없어서 더는 기도가 나오지 않았다. 이제 남은 것은 더 열심히 공부하고 달려가는 일밖에 없었다. 하지만 하나님 없이 말도 통하지 않는 이 낯선 땅에서 나 홀로 가는 길은 자신이 없었다. 그저 아무 말도 못하고 하나님만 불렀다. 하나님이 더욱 가까이 느껴질 때까지 나직하게 부르다 보니 내 마음 깊은 곳에 평안이 찾아오고 그 어떤 상황보다 하나님을 바라보게 되는 힘이 생겼다. 나는 다시 하나님을 불렀다.

"하나님!"

그러자 하나님이 한 장면을 떠오르게 하셨다. 바벨탑이 무너지는 장면이었다. 바벨탑이 무너지기 전에는 이 세상 사람들이 한 언어를 썼다는 것이 생각났다. 무슨 언어인지 기록은 없지만 한 언어임은 분명했다. 창세기에 보면, 탑이 무너지면서 세상 사람들이 서로 말이 통하지 않아 혼란에 빠지게 된다. 그 생각이 떠오름과 동시에 기도가 터져 나왔다.

"말을 만드신 하나님! 말의 주인이신 하나님!"

성경에 기록된 대로 하나님은 천지를 지으셨고, 말을 만드신 언어의 주인이셨다. 내친김에 용기를 내어 기도를 드렸다.

"제 굳은 혀를 풀어 주시옵소서."

어렵사리 기도가 터지자 또 한 가지 기도가 이어졌다.

"말을 빨리 배우는 지혜를 주시옵소서."

무조건 덴마크어를 잘할 수 있게 해달라고 기도하는 것이 아니라 말을 빨리 배우는 지혜를 달라고 기도했다. 나는 항상 구체적으로 기도를 드렸고, 내가 할 수 있는 한 최선을 다하겠다고 약속했다. 나는 밤새 두 가지 기도제목을 놓고 간절히 기도했다. 그러자 하나님이 내 마음속에 응답을 주셨다.

하나님께 구하기만 하고 하나님이 무슨 말씀을 하시는지 가만히 듣지 않으면 우리는 기도 응답을 알아차릴 수가 없다. 하나님이 어떻게 그 기도를 열어 주시는지 감을 잡을 수가 없는 것이다. 그만큼 하나님의 뜻은 우리 생각으로는 헤아리기 어려울 정도로 크고 넓고 깊다.

하나님은 처음에는 바벨탑 사건을 떠오르게 하시더니 이번엔 어린 시절 내가 어떻게 말을 배웠는지 기억나게 하셨다.

첫 번째는, "너 한국말을 어떻게 배웠냐?"는 것이었다.
'나는 우리말을 어떻게 배웠지? 한국에서 태어났으니까 그냥 하게 됐나?'

한국에서 태어나 자랐고, 부모님, 일가친척, 친구들까지 온통 주위에 한국 사람밖에 없었던 나는 한국말을 어떻게 잘하게 됐을까를 곰곰이 생각했다. 그러다 "아빠, 엄마, 까까, 쉬, 응가, 맘마" 같은 어린아이의 단어들이 떠올랐다. 순간 무릎을 탁 쳤다. 하나님께서 덴마크어를 터득하는 답을 주신 것이다. 엄마 말을 흉내 내다가 그 단어들을 따라 한 것이다. 그러니까 덴마크 사람들이 내는 소리를 흉내내면 그 나라 말을 배울 수 있다는 결론을 주신 것이다.

두 번째는 "일상에서 사용되는 말이 몇 마디나 되느냐?"는 것이었다.
이 말은 일상생활에서 쓰는 말이 몇 문장이나 되냐는 뜻이다.

나는 기도하다 말고 노트를 꺼내 생각나는 영어로 문장을 만들어 써내려갔다. 'I am a boy', 'You are a girl', 'We are student', 'How are you?'… 90문장쯤 쓰니까 더 쓰기가 힘들었다. 생각보다 그리 많은 문장을 쓰지 못했고, 단어도 훨씬 적었다. 그것을 통해 300여 문장만 외우면 일상적인 회화는 불편이 없다는 사실을 깨달았다.

세 번째는, "하루 종일 미친 듯이 암기에 전념하면 몇 마디나 할 수 있느냐?"는 것이었다.

하루 종일 붙들고 씨름하면 10여 개 문장은 외워서 사용할 수 있을 것 같았다. 아무리 머리가 나빠도 외우고 또 외우면 그만큼은 할 수 있을 듯했다. 수치로 계산해 보니 한 달이면 300마디를 할 줄 알게 되고, 그렇게 시간과 단어를 셈하다 보니 겁날 것이 없었다. 한 달이면 일상 회화는 충분히 할 수 있을 것 같아 웃음이 절로 났다.

그러나 나의 기억력의 한계가 어느 정도일지 걱정이 되었다. 외운 것을 다 기억한다면 한 달이면 회화를 어렵지 않게 하겠지만, 외우는 대로 잊어버리면 한 달 갖고는 어림도 없었다.

'그래, 석 달 정도는 무조건 열심히 덴마크어를 외우고 또 외워 보자. 그렇게 하면 900문장은 외울 것이고 아무리 잊어버린다

해도 3분의 1은 기억하겠지.'

나는 당장 덴마크어 공부에 미친 듯이 매달리기로 마음먹었다. 하나님의 기도 응답은 이토록 치밀하고 완벽하게 나의 마음을 바꾸어 놓았고, 두려움도 깨끗이 사라졌다. 그렇게 덴마크에서의 첫날밤은 평온하게 마무리되었다.

다음날 해가 뜨기가 무섭게 밖으로 나갔다. 아무라도 붙들고 말부터 걸어 볼 심산이었다. 몸으로 부딪혀야 일상 언어를 더 빨리 익힐 수 있을 거라는 생각에서였다. 마침 어떤 사람이 걸어 오고 있었다. 나는 그에게로 가서 바로 말을 걸었다.

"굿모닝!(Good Morning!)"

영어로 간단하게 인사하고, 처음 보는 사람한테 다짜고짜 덴마크어를 가르쳐 달라고 부탁했다. 다행히도 그는 흔쾌히 내 부탁을 받아들였다. 그러나 다음 순간 그가 나에게 무엇부터 가르쳐 주면 되냐고 물어서 무척 난감했다. 그러다가 예전에 어린 조카가 눈에 띄는 것마다 손을 갖다 대며 엄마에게 이게 뭐냐고 물었던 것이 생각났다. 나는 그 즉시 "이것은 무엇인가요?"라는 문장부터 배우기로 하고 영어로 말했다.

"왓 이즈 디스?(What is this?)" 하고 말하자 그는 그에 해당하는 덴마크어를 가르쳐 주었다.

"베레아 디?"

이것이 첫 번째로 배운 말이었다. 그런데 그의 말을 정확하게 알아듣기가 힘들었다. 그래도 무조건 들리는 대로 한글로 받아 적었다. 그러고는 계속 반복해 들으면서 발음을 고쳐 나갔다. 머뭇거릴 시간이 없었다. 하루에 열 마디는 배워야 석 달 안에 계획한 것을 마칠 수 있었다. 마음이 바빠진 나는 내쳐 두 번째 말을 물었다.

"왓 이즈 유어 네임?(What is your name?)"

"벨 히더 두?"

귀에 들리는 대로만 받아 적고 말을 익혀 나갔다. 그렇게 한 사람에게 열 마디 정도를 주고받기를 반복했다. 누구를 만나든 똑같은 방법으로 말을 배웠다. 열흘 동안 열심히 암기하고 나니 100마디 정도를 외우게 되었다.

이제 덴마크어로 말을 붙일 수 있겠다는 자신감이 생기자 심장이 벌렁거릴 정도로 흥분이 되었다. 그 첫 느낌은 아내와 데이트하다가 처음 손을 잡았을 때처럼 좋았다. 말로 표현할 수 없을 정도로 큰 성취감을 맛보았다.

새가 지저귀는 것과 같은 소리를 내 입으로 내기 시작하니 기분이 좋아졌다.

"내 이름은 류태영인데 네 이름은 뭐니?", "나는 몇 살인데 너는 몇 살이니?", "나는 한국에서 왔는데 너는 어디서 왔니?", "나는 형제가 몇인데 너는 몇이니?", "나는 기숙사 몇 호에 사는데 너는 몇 호에 사니?" 하고 질문하면 대답하고 또 질문하고 대답하다 보니 대답도 여러 형태인 것을 알 수 있었다.

전혀 통하지 않을 것 같던 덴마크 학생들과 짧은 대화가 가능해지자 나 자신이 대견하기도 하고, 말이 통한다는 것이 참 신기하기만 했다. 하지만 대화는 길게 이어지지 못했다. 내가 아는 말이 바닥이 나니 3분을 넘기지 못했다. 나는 3분이 지나면 또 다른 사람을 찾아 자리를 옮겨야 했다. 이렇게 계속 반복하여 덴마크어를 공부하는 나를 보고 주변 사람들은 이상한 사람이라고 수군거렸다. 하지만 그런 것은 상관없었다. 내가 어떤 사람으로 비쳐지든 그것은 중요하지 않았다. 무식한 방법으로라도 덴마크어를 정복하는 그날이 되면 모두가 나를 이해할 것이라 믿었기 때문이다.

말은 우리의 지혜에 있지 않고 하나님께 있음을 우리는 알아야 한다. 하나님께서 우리의 혀를 주관하시고, 거기에 우리의 노력이 덧붙여질 때 외국어를 자유롭게 구사할 수 있게 되는 것이다.

내가 덴마크어를 잘 배울 수 있었던 데는 덴마크 사람들 특유의 성품도 한몫했다. 그들은 일상생활에서 어느 나라 못지않게 '감사하다'는 말을 많이 한다. 감사가 몸에 밴 민족이라고 할 수 있다. 가족끼리 식사를 할 때도 접시나 양념을 건네면서 '고맙다'는 말을 반드시 주고받는다. 감사하다는 말에 상급, 최상급이 있을 정도로 많이 하는 편이다. 그래서인지 동양인이라고 무시하거나 퉁명스러운 태도는 전혀 없었고 매우 친절하고 따뜻하게 호의를 베풀어 주었다.

감사하다는 말을 자주 주고받아서인지 덴마크에서는 고함을 지르며 싸우는 모습을 거의 보지 못했다. 이 또한 어학을 공부하면서 내가 하나님께 감사 기도를 드리는 제목이 되었다. 그들의 성품까지 나의 유학에 큰 도움이 되었기 때문이다. 그리고 덴마크 민족의 귀한 성품을 우리도 닮았으면 좋겠다고 소망했다.

덴마크어를 나만의 방법으로 최단기에 습득하자, 나중에 이스라엘로 유학 갔을 때는 새로운 언어에 대한 두려움과 걱정이 없었다. 기도를 하면서도 마음속에는 자신감이 넘쳤다. 그러나 히브리어(이스라엘어)는 덴마크어보다 훨씬 어려웠다. 덴마크어는 그나마 영어 알파벳을 쓰지만 히브리어는 고유 문자가 있었다. 하지만 감사하게도 석 달 동안 똑같은 방법으로 일상 회화를 자유롭게 할 수 있었다. 그리고 전문학술용어를 석 달 동안 공부한 후에, 그러니까 히브리어 알파벳을 배우기 시작한 날로부터 6개월만에 예루살렘 히브리대학교 대학원 입학시험에도 합격했다.

내가 다녔던 이스라엘 히브리대학은 세계 각국에서 똑똑하다는 유태인 청년들이 모이는 곳이었다. 내가 어떻게 이 학교에 들어왔을까 싶을 정도로 머리 좋은 사람이 정말 많았다. 그들이 공부하고 연구하는 것을 보자, 하나님의 도우심으로 온 나는 더 열심히 공부해야겠다는 사명감이 생겼다. 하나님의 이름에 먹칠하지 않으려고 최선을 다해 노력했다. 피나는 노력의 결과 4년만에 석사는 전교 수석으로, 박사는 우수한 성적으로 마칠 수 있었다. 내 지도 교수는 히브리대학 역사상 20여 년만에 내가 그 기록을 깼다고 했다. 최단 시일에 최고의 성적으로 학위를 받았다는 것이다. 나는 히브리어 알파벳을 배운 지 4년 반 만에 대학 강단에서 이스라엘어로 학생들에게 사회학을 가르치는 교수가 되었다.

돈이 없어도 공부할 수 있는 길이 열리고, 언어가 장애물이 되어도 유학을 그르치지 않았던 것은 전적으로 하나님의 치밀한 전략이자 세밀한 도우심 덕분이었다. 기도하고 계획하고 자기를 쳐서 복종하여 다스릴 때 하나님의 놀라운 은혜가 상상할 수 없는 열매로 거둬짐을 나는 누구보다 잘 알고 있다.

나는 언어 습득에 대한 나만의 비결을 수많은 제자들과 학생들에게 알려 주었다. 비록 나와 똑같은 방법으로 실천하기는 어려웠겠지만, 누구든 실천하기만 하면 하나님께서 반드시 그에게 큰 열매를 주셨다.

말은 우리의 지혜에 있지 않고 하나님께 있음을 우리는 알아야 한다. 하나님께서 우리의 혀를 주관하시고, 거기에 우리의 노력이 덧붙여질 때 외국어를 자유롭게 구사할 수 있게 되는 것이다.

나의 꿈의 지경을 넓히다

공부할 때 내가 잊지 않고 하나님께 드리는 기도가 있다.
"하나님! 저의 돌 같은 머리, 굳어 버린 혀를 풀어 주십시오."
주위 사람들은 덴마크어를 전혀 모르는 동양인이 석 달 만에 회화를 하게 됐다고 놀라워했다. 하지만 나는 언제나 하나님 앞에서 우둔한 청년이었다. 남들이 부러워할 만한 지혜도 없었고, 이렇다 할 천재성도 없어 남들보다 세 배는 더 노력해야 간신히 성과를 얻는 평범한 학생이었다. 그런데 하나님은 덴마크에서 나의 이러한 우둔함을 크게 쓰셨다. 석 달 만에 회화를 하게 하시더니, 여섯 달이 지나서는 대학에서 쓰는 전문용어를 구사하게 되어 덴마크어로 공부할 수 있게 되었다. 그러자 덴마크의 각종 신문사와 잡지사에서 나를 인터뷰하러 왔다. 덴마크 외무성의 초청으로 아시아의 한 학생이 유학을 왔다는 게 신기하고 궁금해서 그 사연을 듣고자 나를 찾아온 것이었다. 틈날 때마다 덴마크어와 함께 역사와 문화에 대해서도 꾸준히 공부해 온 덕에 나는 인터뷰가 낯설면서도 당황하지 않고 침착하게 이야기를 풀어나갈 수 있었다. 이것을 계기로 나는 알게 모르게 덴마크에서 꽤 알려진 유명 인물이 되었다.

내가 돈을 맡겨 둔 것도 아니고, 나를 도와줄 이렇다 할 큰 백도 없었지만, 나는 하나님만 믿었다. 그리고 마침내 경비를 지원받아 유럽 여러 나라를 순회 방문할 수 있었다.

덴마크의 타마곱 하이스쿨(Tamarøp High School)에서도 나를 초청했다. 전교생이 400명 정도 되는 학교였는데, 내가 덴마크를 몰랐던 것처럼 그 나라 학생들도 한국이라는 나라를 잘 몰라서 나를 초청해 학생들에게 한국 이야기를 들려주고 싶어 했다. 그래서 나는 대한민국이라는 나라가 존재하는지도 모르는 덴마크 고등학생들을 상대로 한국을 소개하는 강의를 하게 되었다. 1시간 정도 서툰 덴마크어로 한국의 문화를 소개했고, 우뢰와 같은 박수를 받았다. 강연을 마치자 교장 선생님이 나에게 다가오시더니, 내 손을 잡고 다시 단 위로 올라갔다.

"덴마크에 온 지 얼마나 되었습니까?"

"네, 9개월하고 2주 더 되었습니다."

"덴마크어를 배운 지 얼마나 되었습니까?"

"우리나라 말에 '낫 놓고 기역자도 모른다'는 말이 있습니다. 제가 그랬습니다. 덴마크에 오기 전까지는 덴마크에 다녀온 사람을 만난 적도 없고 덴마크 글자를 본 적도 없고 들어 본 적도 없는 저였습니다. 순전히 여기서 덴마크어를 공부했습니다."

"덴마크어를 9개월 동안 공부해서 이렇게 강의를 할 수 있다니, 당신은 천재인가 봅니다."

"아닙니다. 저는 한국에서 멍텅구리에 속한 사람입니다."

"무슨 말인지 도통 모르겠네요. 글자도 모르던 사람이 지금 이렇게 훌륭한 강의를 하는데 어떻게 천재가 아니고 멍청이라는 건지 이해가 되지 않습니다."

"우리나라에는 머리 좋고 공부 잘하는 사람이 들어가는 학교가 있습니다. 경기, 서울, 경복, 이화, 숙명 등. 그러나 공부도 못하고 돈도 없는 사람들이 가는 학교가 야간학교입니다. 저는 야간 고등학교를 다녔고 대학도 야간을 나왔습니다. 성적도 중간 정도였고요."

"아, 정말입니까? 여러분! 방금 우리는 한국에 관한 이야기를 들었습니다. 이 학생이 야간 대학교를 다니고 성적이 중간이었다면, 한국은 정말 천재의 나라인가 봅니다. 그 나라에서 멍텅구리라고 불리는 사람이 덴마크어를 9개월 동안 배워서 이렇게 강의를 하고 있으니 말입니다."

그때 강의했던 내용을 지금 다시 들어보면 덴마크어를 구사하는 것이 많이 어설펐다. 그렇지만 그 당시에는 내가 할 수 있는 최선의 실력을 발휘했고, 자신감을 갖고 당당하게 말했다. 그런 나의 모습이 그들에게 매우 인상적이었던 것 같다.

아무튼 덴마크의 고등학교에 가서 강의하면서 초롱초롱하고 풋풋한 학생들을 보니 내가 교장으로 있던 용인복음농민학교가 생각났다. 그러면서 한국의 농촌에 대한 간절한 마음이 불타올랐다.

'하나님 아버지, 제가 없더라도 주님께서 용인복음농민학교를 지켜 주셔서 학생들이 계속 공부에 매진하고 학교가 발전할 수 있도록 도와주십시오.'

나는 두 손 모아 간절히 기도했다. 이런 기도를 하라고 하나님이 이 학교에 나를 보내신 것이었는지도 모른다.

농촌 개발 현장을 찾아다니며 실질적인 연구에 더 관심이 많았던 나는 서서히 졸업을 눈앞에 두고 있었다. 덴마크의 많은 학교들도 돌아보았는데 과연 우리나라 실정에 잘 맞을지 판단이 서지 않았다. 오히려 당시로부터 130~140년 전 덴마크가 가난했을 때 어떻게 개발되고 부흥되었는가에 대한 연구를 더 깊이할 필요를 느끼고 그에 몰두했다. 그러다가 유럽 여러 나라를 다니며 농촌 진흥을 위한 다양한 제도들을 살펴볼 필요도 있겠다는 생각이 들어 유럽의 여러 나라를 방문할 방법을 모색하기 시작했다.

우선 덴마크 외무성에서 나를 담당하여 지원하는 국장을 찾아갔다. 인사말을 나눈 뒤 "왜 나를 덴마크 국비로 초청하여 여기서 공부하도록 지원해 주십니까?" 하고 물었다. 그랬더니 예상한 답변이 나왔다.

"우리 덴마크는 선진국가로서 발전도상국가(미개국)를 지원하고 있습니다. 그동안 발전도상국가에 학교도 지어 주고 축산가공공장도 세워 주며 여러 형태로 지원 사업을 하고 있지요. 그러면서 그 나라 젊은이들을 초청하여 교육시키는 사업도 하고 있습니다. 당신은 특별히 우리나라 국왕이 부탁하여 그 카테고리에 넣어 지원하고 있는 것입니다."

"그러면 제가 한국에 가서 한국 농촌을 부흥시키는 일에 기여하는 것이 제게 장학금을 지원하는 목적이 되겠네요?"

"예, 그렇습니다."

"그런데 제가 덴마크에서만 공부하고 한국에 가서 일하는 것과 유럽 여러 나라 농촌의 발전상을 비교 연구한 뒤 귀국하여 일하는 것 중 어느 것이 더 효율적이겠습니까?"

"그거야 물론 덴마크와 유럽 여러 나라를 비교 연구하면 훨씬 효과적이겠지요."

"그러면 방학 기간을 이용하여 저를 유럽 여러 나라 농촌의 발전상과 그 제도를 연구하도록 프로그램을 만들어 보내 주십시오!"

"당신을 지원하는 것은 정부 예산이 있어서 하는 것인데, 유럽 각국 농촌문화시찰에 관한 예산은 따로 책정되어 있지 않습니다. 그것은 안 될 것 같은데요."

"일꾼을 양성하기 위해 한국에서 나를 선택하여 덴마크 국비를 들여 교육시키고 있는 것 아닙니까? 그런데 효율적인 길이 있는데도 안 된다니요. 예산이 없으면 예비비라도 전용해서 쓰면 되지 않겠습니까?"

"글쎄요, 내게는 그런 권한이 없습니다. 오늘은 여기까지 얘기하지요."

"그러면 제가 장관님을 뵙고 직접 말씀드리겠습니다."

"아니오. 이 일은 내 책임인데 나와 먼저 이야기해야지요! 그러니 일주일만 기다려 주십시오."

언젠가 덴마크 일간 신문에 내가 종교부장관과 만나 대담한 내용이 큰 사진과 함께 기사화됐는데, 국장도 그 기사를 보았는지 사뭇 긴장하는 눈치였다. 내가 허풍을 떠는 것이 아님을 알고 있었던 듯했다.

"혹시 저보다 먼저 장관님을 뵙고 제가 건의한 것은 애초부터 안 된다고 말씀하시려는 건가요?"

"아니오. 내가 당신의 입장이 되어 예비비를 사용토록 건의할 테니 일주일 후에 만납시다."

"알겠습니다. 그렇게 하지요. 감사합니다."

나는 그 정도에서 이야기를 마무리 짓고 나왔다. 그러고는 하나님께서 이루어 주실 것을 믿고 기도드리며 답신을 기다렸다. 내가 돈을 맡겨 둔 것도 아니고, 나를 도와줄 이렇다 할 큰 백도 없었지만, 나는 하나님만 믿었다. 그리고 마침내 경비를 지원받아 유럽 여러 나라를 순회 방문할 수 있었다. 그것도 각국에 주재한 덴마크 대사관에서 외교관이 안내하여 한 달 동안 유럽 각국의 농촌 사회 문화를 시찰할 수 있었다. 하나님은 덴마크로 데려다 주시더니 이제는 유럽 땅까지 밟게 해주셨다.

하나님의 지경은 나의 생각 이상이었다. 덴마크가 전부인 줄 알았던 나에게 덴마크 전국을 순회하게 하시더니, 유럽을 돌아보게 하셨고, 이스라엘까지 밟게 하셨다. 그 끝은 어디인지 알 수 없으나 나를 향한 하나님의 돌보심과 계획에는 한 치의 부족함이 없었다.

하지만 유럽은 풍요로웠고 이미 안정 궤도에 올라 있어 발전이 필요한 우리나라에 적용할 것을 찾기가 만만치 않았다. 나는 피와 땀을 흘리며 농촌을 일으켜 가고 있는 나라에 가고 싶었다.

그러다가 이스라엘에 6일 전쟁이 나고, 매스컴을 통해 이스라엘의 새로운 형태의 농촌 개발 모습이 소개되었다. 그들은 한 손에는 총을, 다른 한 손에는 호미를 들고 사막을 개척하며 키브츠다, 모샤브다 하는 새로운 형태의 농촌을 만들어 국방을 하면서 농촌을 개발하고 있었다. 그 뉴스를 접한 후 나는 이스라엘에 가서 농촌이 개발되고 있는 현장을 직접 두 눈으로 확인하고 온몸으로 느끼고 싶었다. 그날부터 나는 그곳에 갈 수 있기를 하나님께 간절히 기도했고 하나님께서는 가게 될 것이라는 응답을 주셨다.

나는 하나님의 응답을 듣고 담대한 마음으로 이스라엘 대통령에게 편지를 써 나의 뜻을 밝혔다. 얼마 후 대통령 보좌관으로부터 회답이 왔고, 덴마크 이스라엘 대사관에서 초청장과 비행기표를 보내 주어 덴마크에서 이스라엘로 날아갔다.

1969년 11월부터 1970년 4월 1일까지 6개월 동안 이스라엘 텔아비브에 있는 아프로-아시안 인스티튜트(Afro-Asian Institute)에 머물며 영어로 강의를 듣고 이스라엘의 농촌과 농업기술을 직접 경험하고 교육받을 수 있는 프로그램이었다. 물론, 모든 체재비와 경비는 이스라엘 정부에서 제공하는 것이었다. 나는 망설이지 않고 이스라엘로 가기로 결심했다.

덴마크를 마음에 품었을 때처럼 이스라엘에 대해서도 처음 도착한 날부터 떠나는 날까지 하나님은 나에게 특별한 마음을 주셨다. 하나님의 일에는 우연이 없었다. 하나님은 날마다 기도하는 내게 당신의 계획을 조금씩 보여 주셨다. 내게 주신 마음과 열정의 변화들은 오로지 하나님이 부어 주신 것이었다.

하나님의 지경은 나의 생각 이상이었다. 덴마크가 전부인 줄 알았던 나에게 덴마크 전국을 순회하게 하시더니, 유럽을 돌아보게 하셨고, 이스라엘까지 밟게 하셨다. 그 끝은 어디인지 알 수 없으나 나를 향한 하나님의 돌보심과 계획에는 한 치의 부족함이 없었다. 이 많은 자료와 자원들을 고국에 돌아가 어떻게 써야 할지 지혜가 필요할 뿐이었다.

히브리어 방언처럼 터진

이스라엘에서 연수를 마친 후 나는 귀국하여 건국대학교 축산대학 학생들의 생활 교육을 맡아서 성관 관장으로 일했다. 그리고 얼마 지나지 않아 박정희 대통령에 의해 새마을운동 담당으로 일을 하게 되었다. 새마을 운동이 전국적으로 실시되어 온 나라에 변화와 발전의 불꽃이 타오르던 때, 나는 박사학위를 취득하기 위해 이스라엘 유학을 결심하게 되었다. 나는 또다시 하나님께 이 문제를 논의했고, 하나님은 그 길을 열어 주심으로 응답하셨다.

1973년 4월, 이스라엘 외무성 초청으로 나는 다시 이스라엘로 향했다. 세계에서 손꼽히는 이스라엘의 예루살렘 히브리대학에 들어가게 된 것이다. 외무성에서 주는 장학금으로 사회학 석사와 박사 과정을 공부할 수 있었고 학위까지 취득했다.

예루살렘 히브리대학은 세계 각국의 인재들이 모이는 곳이었다. 나는 영어와 덴마크어 정도가 고작이었는데 대부분의 학생들이 영어, 독어, 불어, 스페인어 정도는 기본으로 구사했다. 그들에게 뒤처지지 않기 위해 공부할 일이 까마득했지만, 그럴수록 나는 기도하고 계획을 세우고 하나님의 지혜를 구했다.

> 나는 기억하지 못하지만, 하나님은 이미 내 속에서 일하고 계셨고 나의 기도를 들으시고 나의 열심을 사용해 최고의 결과를 만들게 해주셨다. 이것이 공부할 때 발견한 기도의 힘이다.

"여기 예루살렘 히브리대학에 와보니 해외 유학생들이 많은데, 대부분이 자기 아버지가 돈이 많아서 온 사람, 머리가 좋아 공부 잘하는 이로 뽑혀 온 사람, 삼촌이나 친척들 가운데 대사나 장관을 알아서 온 사람들입니다. 그런데 저는 무엇입니까? 하나님의 은혜로 온 사람인데 다른 사람들과 같으면 되겠습니까? 좀 달라야죠. 하나님, 50퍼센트만 깎아서 8년을 4년으로 끝내게 해주세요. 하나님이 도우시면 기간이 단축될 줄로 믿습니다."

4년 동안 다 마칠 수 있게 해달라고 간절히 간절히 기도했지만, 사실 그것은 말도 안 되는 기도였다. 대학원 과정에서는 각 과목을 평균 80점 이상 받아야 하고, 논문 주제를 정해 연구하여 완성하기까지 4년이란 기간은 턱없이 부족한 시간이었다. 그런데도 나는 불가능한 일을 하나님께 강력히 요구했던 것이다.

하지만 하나님은 이런 나의 무지막지한 기도까지 들어주셨다. 4년 동안 과정을 다 끝내게 하신 것은 물론 석사와 박사 학위를 우등으로 취득하게 하셨다. 게다가 동양인으로는 최초로 국립 벤구리온 대학의 교수로 초빙까지 받게 하셨다.

졸업 당시 나는 학교로부터 '베 히쯔타 엔눋'이라는 '빼어나게 구별된 성적'이라는 뜻을 가진 문구가 적힌 학위증을 받았다. 내가 졸업하던 해에 그 글자가 박힌 학위증을 받은 이는 나뿐이었다고 한다. 사람들은 겉으로 드러난 나의 모습만 보고 대단하다고 감탄했다. 하지만 나는 내가 얼마나 나약하고 어리석은 사람인지 잘 안다. 그래서 더 하나님께 매달렸고, 그분의 돌보심이 없이는 아무것도 할 수 없는 존재임을 매 순간 깨닫는다. 하나님께서는 그런 나를 가엾게 보시고는 결정적인 순간마다 나에게 긍휼을 베풀어 주신 것이다.

능력 있고 돈 있고 명예까지 있으면 하나님과 점점 멀어지는 경우를 나는 많이 보아 왔다. 자신에게 부족한 것이 많고 도움의 손길이 필요하면 열심히 기도하게 된다. 하지만 돈도 많고 힘도 있으면 기도에 전념하지 않는다. 기도를 통해 하나님이 어떻게 돌보시는지 알려고도 하지 않는다. 어렵고 힘든 시간 속에서 신앙이 깊어진다는 진리를 나는 이스라엘에서도 뼈저리게 느꼈다.

   덴마크에서 썼던 방법대로 이스라엘에서도 그 나라 말을 익히며 강의를 들었다. 그런데 문제는 학술연구 발표였다. 얼마나 긴장이 되던지 전날 밤잠을 설치기까지 했다. 나는 발표 전문을 한글로 써놓고는 히브리어 사전을 옆에 두고 일일이 히브리어로 옮겼다. 그런데 발표 당일, 나는 깜짝 놀라고 말았다. 발표 전문대로 읽기만 해도 성공적인 학술발표가 될 텐데, 생각지도 않게 내 입에서 히브리어가 술술 나오는 것이었다. 그것은 방언이었다. 기도의 은혜로 방언이 터진 것이라고밖에는 달리 설명할 길이 없었다. 내가 알지 못하는 단어들이 입 밖으로 나오다 보니 혹 실수나 하지 않을까 얼마나 가슴을 졸였는지 모른다. 그런데 더 놀라운 것은 발표를 끝내고 집에 돌아가 일일이 사전을 찾아보니 너무나도 정확한 단어가 적재적소에 쓰인 것이었다. 그 단어들은 내가 생전 듣도 보도 못한 단어가 아니라 평소에 내가 공부했는데 잊어버리고 있던 단어들이었다. 나는 그 자리에서 엎드려 하나님께 감사를 드렸다. 하나님께서는 내 잠재의식 속에 있던 수많은 히브리 단어들을 생각나게 하시어 발표를 무사히 끝낼 수 있도록 도와주신 것이다.

나는 언어를 공부할 때 사전에서 찾은 단어는 반드시 그 옆에 점을 찍어 표시해 둔다. 어떤 단어는 도무지 외워지지 않아 무려 일곱 번이나 점을 찍기도 했다. 그만큼 나는 머리가 좋지 않았고, 그럴수록 더 지독하게 공부했다. 발표를 끝내고 사전을 펼쳤을 때도 그 표시를 보고 내가 이미 공부했던 단어들임을 알 수 있었다. 나는 기억하지 못하지만, 하나님은 이미 내 속에서 일하고 계셨고 나의 기도를 들으시고 나의 열심을 사용해 최고의 결과를 만들어주셨다. 이것이 공부할 때 발견한 기도의 힘이다.

이런 놀라운 기도의 힘을 많은 사람들에게 말해 주고 있지만 이것을 실천하는 사람은 백 명 중에 두세 명 될까 말까 한다. 나의 경험이 다른 이들의 삶에도 나타나기를 간절히 바라며 그들에게 조금이라도 도움을 주기 위해 기도의 힘을 역설하지만 그것을 듣는 사람이 자신의 것으로 받아들이고 열심히 노력하지 않는다면 아무 소용없는 일이다. 알기만 하는 것은 힘이 없다. 가슴으로 믿고 받아들여 실천해야 열매를 맺는다. 특히 공부와 기도의 상관관계에 있어서는 더욱 그렇다. 반드시 기도의 힘과 하나님의 원리를 믿어야 하고, 있는 힘껏 최선을 다해 공부해야 한다. 이런 공부의 원리를 철저하게 지킨 나는 다른 히브리대학 동기생들 사이에서 깊은 신뢰를 얻었고,

나의 학문적인 실력도 높이 평가받았다.

무엇을 먹을까, 무엇을 입을까 늘 고민해야 했던 나지만 하나님께서는 내가 굶어 쓰러져 걷지도 못할 만큼 내버려두지 않으셨다. 하나님은 나에게 더 높은 가치를 위해 늘 기도하게 하셨고, 더 높은 기도제목들을 알려 주셨다. 그 기도가 있었기에 나는 초등학교도 가지 못할 형편에서 꿋꿋이 일어나 박사학위까지 받고 교수가 되는 영광을 얻었다. 박사학위를 받던 날 어머니도 하염없이 기쁨의 눈물을 흘리셨다.

> "믿음이 작은 자들아… 너희 하늘 아버지께서 이 모든 것이 너희에게 있어야 할 줄을 아시느니라 그런즉 너희는 먼저 그의 나라와 그의 의를 구하라 그리하면 이 모든 것을 너희에게 더하시리라" (마 6:30-33).

유학하는 동안 이 말씀을 참으로 의지했다. 하나님 나라를 위해 더 큰 것을 구하면 이 땅에서 필요한 것들을 능히 채워 주실 줄 알았다. 1년 남짓 되는 짧은 교수 생활이었지만 하나님은 내게 총장 이외의 다양한 직함들을 경험하게 하셨고 세계농촌사회학대회의 회장직까지 맡게 하셨다. 나를 향한 하나님의 걸음은 이스라엘을 넘어 좀 더 넓은 곳으로 향하고 계셨던 것이다.

기도는 언제나 사건이 터져야 시작되지만, 기도의 응답은 사건의 해결이 아니라 사건을 바라보는 나의 영혼을 다스리는 것이었다. 그것이 하나님과 나의 차이였고 그 차이를 번번이 경험하면서도 단번에 그 경지에 이르지 못하는 나 자신과 늘 직면해야 했다. 감사한 것은 하나님께서 나를 포기하지 않으시고 때마다 나의 기도를 들으시고 용기와 소망을 주시며 내 영혼을 돌보아 주신다는 사실이다.

第5部

기도의 힘을 전하다

스릴 만점의 학술발표

이스라엘에서 유학할 당시, 대학원에서 '협동조합 심층분석론'에 대해 강의를 들은 적이 있다. 그 수업은 학생들이 순번에 따라 돌아가면서 발표를 해야 했는데, 어느 날 담당 교수님이 강의를 마치고 나가시면서 "미스터 류, 다음 주에 발표죠?" 하며 나에게 책을 한 권 건네주셨다.

"이 책을 보면 다른 교과서에는 없는 내용이 있어요. 그 내용을 꼭 찾아서 다음 주에 요약 발표해 주길 바랍니다."

나는 책을 받아 들고는 잠시 훑어보았다. 그런데 뭔가 이상했다. 분명 영어 알파벳인데 읽을 수가 없었다. 아무리 보아도 내가 아는 단어가 하나도 없었다. 어느 나라 말인지도 감이 잡히지 않았다. 너무 놀라서 교수님 뒤를 쫓아가 물었다.

"교수님! 이 책은 영어가 아닌데요. 도대체 어느 나라 말인가요?"

"네, 영어가 아닙니다. 이건 스페인어입니다."

"교수님! 저는 스페인어를 배운 적도 없고 들어 본 적도 없습니다."

당당하게 말하고 교수님께 책을 돌려 드리려는데, 교수님 대답이 나를 꼼짝 못하게 만들었다.

"스페인어는 아주 쉽습니다. 그러니 그냥 읽고 발표하기 바랍니다."

교수님은 미소까지 살짝 지으면서 아무렇지도 않게 대답하곤 가던 길을 갔다. 나는 더 할 말이 있었지만 말문이 열리지 않았다. 뒤도 한 번 안 돌아보고 걸어가는 교수님이 그렇게 원망스러울 수가 없었다.

착잡한 마음으로 집에 돌아와 다시 책을 펼쳐 보았다. 천천히 읽고 또 읽어도 아는 단어가 없기는 마찬가지였다. 눈앞이 캄캄했다. 강의 시간에 하는 발표로 점수를 매기는데 걱정이 태산이었다. 이스라엘 대학 과정은 우리나라와 달라서 한 과목을 1학기, 2학기로 나눠 듣는 것이 아니라 3학기 동안 배워야 한다. 그래서 그 해에 점수를 못 따면 다음해 그 과목을 재수강해야 한다. 외국 유학생이 한 과목을 위해 1년 더 체류한다는 것은 그리 간단한 일이 아니었다. 게다가 당시 듣던 과목이 전공 필수였기 때문에 그 과목을 통과하지 못하면 큰일이었다.

내 사전에 포기란 없었다. 그것이 내가 유수의 외국 학생들과의 경쟁에서 이길 수 있었던 비결이었다. 그 비결은 하나님과 나만 아는 것이었다. 기도하지 않았다면 나는 작은 것 하나도 개척해 나가지 못했을 것이다.

'나보고 뭘 어쩌라는 거야! 정말 너무 하는 거 아냐!'

외국인 학생인 나를 좀처럼 배려하지 않는 교수님이 원망스러웠다. 단시간에 해결할 수 있는 방법을 가르쳐 주는 사람도 없이 어디서부터 어떻게 시작해야 할지 난감하기만 했다.

우선, 도서관에 가서 히브리어로 된 스페인어 사전을 찾았다. 한 문장에 길고 짧은 단어들이 섞여 있었지만 대략 세어 보니 12~13개 단어로 되어 있었다. 세 줄 독해하는 데 꼬박 두 시간이 걸렸다. 이렇게 느린 속도로 한 줄 한 줄 읽어 나가려니 울화통이 터져 참을 수가 없었다. 결국 나는 기도에 매달렸다. 오도 가도 못하는 상황에서 언제나 나의 출발점은 하나님께로 가는 것이다.

우리는 어떤 제목으로 기도를 하든 항상 전심으로 해야 한다. 입만 벌려 중얼거린다고 기도가 아니다. "만화방창한 날씨에…

기체후일양만강하옵시고…"로 시작하는 판에 박힌 전형적인 기도는 하나님께서 듣지 않으실 것이다. 우리는 최대한 솔직하게 기도해야 한다. 하나님 앞에서 너스레를 떨 이유가 없다. 내가 스페인어를 모르는 것을 아시는 하나님, 내가 과목을 통과하지 못했을 때 1년 더 체류하며 재수강해야 한다는 것을 아시는 하나님께 전적으로 매달려야 했다.

"하나님, 이 과목을 통과하지 못하면 1년 더 여기에 있어야 합니다. 하나님, 저는 어떻게 해야 할까요?"

교수님께 쏟아 놓아야 할 푸념을 하나님께 고스란히 털어놓았다. 날이면 날마다 에스오에스(SOS)를 쳐대는 나의 기도에 하나님도 참 바쁘셨을 것이다. 나는 하나님의 응답을 듣기 위해 가만히 침묵했다.

"걱정 말아라."

소리 없는 음성이 내 마음속에서 울렸다. 하나님의 응답이었다. 하나님께서는 이 한마디로 걱정으로 요동치던 내 마음을 일순간 잠재우셨다. 밀려오는 파도에 금방이라도 배가 좌초할 것 같아 예수님을 흔들어 깨우던 철없는 제자들처럼 다급하게 매달린 나의 마음을 차분히 가라앉혀 주신 것이다. 나의 기도를 듣자마자 하나님은 걱정을 가라앉혀 주셨다. 내게 필요한 것은 무엇을 어떻게 시작해야 스페인어 교재를 읽을 수 있는지가 아니었다. 가장 먼저 걱정을 가라앉히는 것이 중요했다. 역시 하나님은 내가 무엇을 하든 나를 가장 잘 아시는 분임에 틀림없었다.

순간 나는 깨달았다. 덴마크어와 히브리어를 만드신 하나님께서 나에게 스페인어를 가르치지 못하실 이유가 없었다. 그야말로 하나님께는 걱정할 일이 아니었다. 전세금이 모자라 사면초가인 아들이 수십 억을 가진 부모에게 사정을 한다면 부모가 어떤 말을 하겠는가. 당연히 걱정 말라고 하지 않겠는가. 바로 그 마음이 하나님의 마음임을 느낄 수 있었다. 걱정하지 말라는 하나님의 말씀에 나는 간신히 마음을 진정시키고 하나님께 나의 걱정을 내어 맡기기로 했다. 걱정하지 않는 척이 아니라 온전한 평온 가운데 하나님이 주시는 지혜를 기대했다. 그것이 기도에 응답해 주신 하나님의 은혜였다. 내 영혼이 잘되고 강건하기를 바라시는 아버지의 마음이 온전히 전해져 왔다.

기도는 언제나 사건이 터져야 시작되지만, 기도의 응답은 사건의 해결이 아니라 사건을 바라보는 나의 영혼을 다스리는 것이었다. 그것이 하나님과 나의 차이였고 그 차이를 번번이 경험하면서도 단번에 그 경지에 이르지 못하는 나 자신과 늘 직면해야 했다. 감사한 것은 하나님께서 나를 포기하지 않으시고 때마다 나의 기도를 들으시고 용기와 소망을 주시며 내 영혼을 돌보아 주신다는 사실이다.

그래서인지 내가 하나님 아버지께 드린 기도에 대한 첫 번째 응답은 "걱정 말아라" 하는 소리 없는 음성이다. 그럴 때마다 나는 "알겠습니다. 하나님, 감사합니다" 하고 고백한다. 하나님이 주시는 평안을 느끼며 감사의 고백을 할 때 이미 문제는 해결되었다. 왜냐하면 하나님이 무엇을 하라고 하시든 이미 할 준비가 되어 있고, 모든 것이 하나님의 손에 있음을 매번 경험을 통해 배웠기 때문이다.

하나님의 응답을 받고 마음속의 불안을 걷어 내며 감사 고백을 드리자 한 가지 지혜가 떠올랐다. 히브리대학은 세계 각국에서 뛰어난 학생들이 모이는 곳이기 때문에 스페인에서 온 학생도 분명 있으리라는 생각이 들었다. 그 생각이 떠오르자 정신이 번쩍 들었다.

'그래, 그 방법이 있었구나. 내가 왜 그걸 미처 생각하지 못했지?'

다음날, 날이 밝자마자 기숙사 건물을 돌아다니며 스페인에서 유학 온 학생을 찾기 시작했다. 대학교가 얼마나 큰지 한 학과가 우리나라 대학 건물 하나에 해당할 만큼 어마어마한 규모였다. 기숙사만 200동에 기숙사 학생이 1만 명이 넘었다. 기혼자 학생에게는 가족이 같이 살 수 있도록 기숙사 아파트를 저렴하게 빌려 주어 기숙사촌은 커다란 마을처럼 형성되어 있었다. 그 큰 기숙사 건물을 다 뒤지고 다녀도 스페인 학생을 찾기가 어려웠다. 그러던 중 스페인 마드리드대학 출신이 있다는 말을 듣고 부리나케 그가 묵고 있는 기숙사로 달려가 방문을 두드렸다. 큰 키에 마른 학생이 문을 빼꼼히 열었다. 나는 무턱대고 책부터 들이밀었다.

"이 책 읽을 수 있어?"

아침부터 찾아와서는 다짜고짜 자기 할 말부터 하는 내가 어이없었을 것이다. 그의 얼굴에 황당한 표정이 가득했다.

"나, 마드리드에서 대학을 졸업하고 왔어."

뜬금없는 내 질문에 그는 재치 있게 대답했다. 그 순간 그도 나도 동시에 웃었다. 스페인에서 태어나 지금까지 스페인 교육을 받은 사람인데 스페인어로 씌어진 책을 읽을 수 있냐고 물으니 얼마나 기가 막혔을까.

"목차 좀 읽어 줄 수 있어?"

그는 스페인어로 씌어진 그 책을 눈으로 읽으면서 히브리어로 나에게 목차를 읽어 주었다. 목차는 간단했다. 총론, 각론 등 익숙한 제목들이었다. 그런데 마지막 두 장이 다른 교과서에 없는 특이할 만한 단어들로 구성되어 있었다. 무언가 느낌이 왔다.

"혹시 오늘 저녁에 시간 있어? 우리 집에 와서 같이 저녁식사하며 이 책 좀 읽어 줄래?"

그도 나도 기숙사에 살기는 매한가지였지만 나는 아내와 함께 살고 있었기 때문에 따뜻한 밥 한 끼는 대접할 수 있었다. 당시 혼자 지내는 유학생들은 아파트에서 가족과 함께 생활하는 기혼 학생의 식사 초대를 큰 기쁨으로 여겼다. 바깥 음식을 먹다가 집에서 차려 주는 식사를 하는 것도 좋지만, 오랜만에 가정의 아늑함을 맛볼 수 있기 때문이었다. 그는 주저 없이 나의 초대에 응했다.

속으로 '주님, 감사합니다!'를 연신 외치며 집으로 돌아가 아내에게 저녁 준비를 부탁했다. 스페인 사람들도 쌀밥을 먹는다는 것을 알기에, 솜씨를 발휘해 쌀밥에 불고기와 백김치 등 한식 위주로 식사를 준비했다. 스페인 학생은 먹성 좋게 그릇을 싹싹 비웠다. 우리는 즐겁게 양껏 식사를 하고 거실 소파에서 커피 한 잔을 나누었다. 어느 정도 시간이 흐르자, 나는 그 친구에게 본론을 이야기했다.

> 나를 가로막고 있는 산은 그냥 포기하라고 있는 산이 아니라 넘어가라고 있는 것이었다. 믿음이 있는 사람은 그 산을 올라갈 걸음을 떼고, 믿음이 없는 사람은 그 산을 보고 뒤돌아간다는 것을 히브리대학 생활에서 수도 없이 경험했다.

"그럼, 아까 부탁한 그 책 좀 읽어 줄 수 있겠어?"

그는 여유롭게 책을 읽으며 히브리어로 설명해 주었다. 나는 귀로는 히브리어를 듣고 한국말로 재빠르게 받아쓰느라 정신이 하나도 없었다. 세 시간 남짓 흐르는 동안 두 장을 다 읽었다. 세

줄 읽는 데 두 시간이나 걸렸던 것을 생각하면 대단한 진전이었다. 집이 떠나갈 정도로 "할렐루야!"를 외치고 싶었다. 스페인 친구 덕분에 책의 중요한 부분을 단숨에 요약 정리할 수 있었다. 다음 주 발표 준비를 완벽하게 끝낸 나는 그에게 진심으로 감사의 마음을 전했고, 하나님께 감사 기도를 드렸다.

드디어 기다리던 발표 시간이 되었다. 나는 완벽하게 준비한 자료로 자신 있게 발표를 했다. 같이 수강하던 학생들도, 숙제를 내준 교수님도 무척이나 놀라워했다. 발표 점수는 최고점이었다. 교수님은 나에게 박수를 보내며 칭찬을 아끼지 않았다. 강의실을 메우던 박수가 잦아들 즈음 교수님이 내게 질문을 던졌다.

"미스터 류, 지난 주에 내가 책을 줄 때만 해도 스페인어를 하나도 모른다고 하지 않았나요? 그런데 어떻게 이토록 완벽하게 준비할 수 있었는지 궁금하군요."

그때 나는 선생님이 나에게 했던 말을 빗대어 간단하게 대답했다.

"아, 네, 스페인어가 쉽더군요."

내 말을 듣고 강의실은 웃음바다가 되었다. 교수님도 멋쩍었는지 학생들과 같이 웃으셨다.

"아, 그렇군요. 그래도 사실대로 말해 줄 수 있습니까?"

나만 바라보고 있는 학생들과 교수님에게 나는 솔직하게 대답했다.

"사실, 단어 하나 모르는 상태에서 책을 읽으려니 한 문장 번역하는 데 한 시간이 넘게 걸렸습니다. 그래서 나는 엘로힘(히브리어로 '하나님'이라는 뜻)에게 기도를 했습니다. 그랬더니 하나님이 나에게 스페인 유학생을 찾으라는 지혜를 주셨고 그 학생의 도움을 받았습니다."

내 말이 끝나자 교수님이 미소를 지으며 이야기했다.

"내가 기대한 것이 바로 이 점입니다. 미스터 류에게 누군가가 2천 년 전의 무덤을 파서 거기서 나온 양피지에 쓰인 글을 번역해 오라고 과제를 내면 미스터 류는 조금도 주저하지 않고 어떻게든 해결할 것입니다. 왜 이런 것을 맡기냐고 끝까지 불평만 늘어놓으며 하지 않는 사람도 있습니다. 몇 년 전에도 스페인어를 전혀 모르는 한 학생에게 똑같은 과제를 내주었는데, 그는 발표 당일 오지 않았습니다. 그러고는 쭉 강의에 출석하지 않았지요. 그런데 미스터 류는 해냈습니다."

교수님은 바로 내 의지와 해결력을 테스트하기 위해 그런 과제를 내준 것이었다.

사회를 개발하고 농촌을 변화시키려는 꿈 때문에 나는 적극적인 마음가짐과 추진력으로 학교생활에 매진했다. 내 사전에 포기란 없었다. 그것이 내가 유수의 외국 학생들과의 경쟁에서 이길 수 있었던 비결이었다. 그 비결은 하나님과 나만이 아는 것이었다. 기도하지 않았다면 나는 작은 것 하나도 개척해 나가지 못했을 것이다. 히브리대학교에서 교수가 되려면 적어도 5개 국어를 해야 하는데, 하나님은 그것조차도 가능하게 만드셨다. 하나님이 가르쳐 주신 놀라운 학습법 때문이었다.

나를 가로막고 있는 산은 그냥 포기하라고 있는 산이 아니라 넘어가라고 있는 것이다. 믿음이 있는 사람은 그 산을 올라갈 걸음을 떼고, 믿음이 없는 사람은 그 산을 보고 뒤돌아간다는 것을 히브리대학 생활에서 수도 없이 경험했다. 나는 내가 올라야 할 모든 산을 주님과 함께 올랐다. 그리고 앞으로도 그럴 것이다.

150년 된 런던 교회에 서다

세계 여러 나라를 다니며 다양한 경험을 하다 보니 점점 나의 지경이 넓어졌다. 당시 나는 한 회사의 뉴욕 주재원으로 있었는데, 워싱턴에서도 강의 초청을 받는 일이 많았다. 한번은 2006년 3월 1일 워싱턴 교민협의회, 한국대사관, 교회협의회가 주최가 되어 삼일절 기념행사를 가지는데, 그 행사에 나를 특별 강사로 초청해 '유대민족의 시온주의 정신과 한민족의 삼일정신과의 비교'라는 주제로 강의를 해달라고 부탁을 해왔다. 이스라엘 민족을 독립시킨 시온주의 정신과 대한민국을 독립시킨 삼일정신에 대해 많은 사람이 흥미로워했다. 그 일을 계기로 런던의 교회들에서도 초청을 받았다.

영국 런던에서는 모두 다섯 번의 강연을 했다. 네 번은 한국인 교회였고, 한 번은 영국 현지인 교회에서 집회를 가졌다. 영국 현지인 교회에서의 강의는 내심 부담스러웠다. 내가 보기에 나의 영어 실력이 그리 신통치가 않아서였다. 세계 각국, 특히 동남아시아와 아프리카 등에서 영어로 강의를 백여 시간 넘게 했지만 썩 달변은 아니었다. 영어의 본산지인 영국에서, 그것도 런던 현지인들 앞에서 강의를 하려니 여간 긴장되는 것이 아니었다. 주제도 떠오르지 않고 머릿속이 하얘지는 느낌이었다.

나는 하루 전날 런던 공항에 도착했다. 마침 런던에 살고 있는 딸아이 집으로 가서 손자들도 만나고 오랜만에 가족과 함께 오붓한 시간을 보냈다. 내가 강의를 하기로 한 시간은 주일 11시에 시작하는 대예배였다. 그 교회에서 한국인으로 대예배 때 초청받은 강사로는 내가 네 번째라며 지난번에는 '데이비드 조'라는 분이 다녀가셨다고 했다. 그러니까 여의도순복음교회 조용기 목사님이 다녀가신 것이었다. 또 평신도로는 내가 처음이라고 했다.

나는 전날 저녁 기도를 하면서 하나님께 주제를 여쭈었다.

"하나님! 제가 그들에게 무슨 제목으로 강의를 해야 합니까?

지혜를 주십시오."

입술이 마르도록 기도에 열중했다. 이번에도 들어주실 줄을 믿는 마음으로 기도하고 또 기도했다. 밤 11시쯤 기도가 응답되었는데, '성령의 능력!'(Power of Spirit!)이라는 제목이 떠올랐다. 순간 '전능하신 하나님의 능력에 대해 간증하면 되겠구나' 하고 생각했다. 나는 그 제목을 받고 조금 더 기도한 뒤 잠자리에 들었다. 한국말이 아니라 영어인데 원고도 쓰지 않았다. 그런데도 내일 주일설교를 하나님께 의탁하며 편안한 마음으로 잠을 청했다.

다음날 예배시간에 맞춰 교회에 갔다. 설교 원고도 없이 달랑 성경 본문만 뽑았다. 살펴볼 본문은 내가 좋아하는 빌립보서 4장 13절이었다.

"**내게 능력 주시는 자 안에서 내가 모든 것을 할 수 있느니라**(I can do all things through Christ which strengtheneth me. : 1942년 판 영문성경)."

예배 시작 전 담임목사님이 오더니, 주일 설교 시간은 보통 30~40분인데, 닥터 류는 한 시간 내외로 해도 된다고 알려 주었다. 한 시간을 허락받았지만 설교 주제와 성경 본문만 있지, 설교 원고는 없었다. 무슨 자신감에서인지 나는 외부 기관들에서 강의 요청을 받으면 단 한 번도 원고를 써 본 일이 없다. 그렇기 때문에 영어 설교문을 작성하지 않았다고 해서 더 떨리거나 경직되지는 않았다.

나는 단상에 올라가 '전지전능하신 하나님'에 대해 설교하기 시작했다. 눈앞에는 설교 원고가 없었지만 하나님께서 그 내용을 이미 머릿속에 다 넣어 주셨다. 단상에서 청중들에게 해야 할 말들을 한 줄 한 줄 또렷하게 보여 주시고 떠오르게 하신 것이다. 마치 책을 보고 읽는 것처럼 주제에 맞추어 거침없이 설교를 전개해 나갔다. '성령'이 무엇인지, '능력'이 무엇인지 중요 대목을 짚어 가며 이야기했다.

"영어인 파워는 권력, 능력, 힘과 같은 뜻입니다. 또한 스피릿은 정신력, 성령, 경우에 따라서는 하나님으로 쓸 수 있는 말이 됩니다. 제가 오늘 여러분에게 하고 싶은 말은, 성령의 능력, 하나님의 능력, 결단력에 대한 것입니다. 결단력은 우리 인생에 큰 영향을 미칩니다. 인생은 순간순간 선택의 연속이고 아무리 어려운 일이라도 결단을 내려야 합니다."

> 나는 단상 위로 올라가 '전지전능하신 하나님'에 대해 설교하기 시작했다. 내 눈앞에는 설교 원고가 없었지만 하나님께서 그 내용을 이미 내 머릿속에 다 넣어 주셨다. 단상에서 청중들에게 해야 할 말들을 한 줄 한 줄 또렷하게 보여 주시고 떠오르게 하신 것이다.

우리나라를 포함해서 내가 경험한 각 나라들의 사례, 나의 개인적인 경험들, 이스라엘의 역사적 사례 등을 들어 가며 세계를 무대로 이야기를 펼쳐 나갔다. 물론 성경에 기록된 것들도 모델로 삼았고, 나 자신이 기도를 통해 얻은 많은 열매들도 간증했다. 온 회중이 내 강의에 집중하고 있다는 것을 몸으로 느꼈다. 전치사, 관계대명사 등을 잘못 사용하는 실수가 있었지만 주제를 전달하는 데 큰 방해는 되지 않았다. 강의가 막바지로 갈수록 더욱 열정을 쏟아 메시지를 전했다. 결론은 언제나 간단했다.

"내게 능력 주시는 자 안에서 내가 모든 것을 할 수 있느니라."

내 강의의 결론은 언제나 이 말씀으로 귀결되었다. 런던에서도 예외는 아니었다.

이 말씀을 아는 성도들은 너무나 유명한 말씀이라 다 아는 이야기라고 생각할지 모른다. 하지만 말씀을 아는 데서 더 나아가 이 말씀을 믿고 행하는 자들에게는 엄청난 힘이 생긴다고 강조했다. 그 힘은 핵분열 때 일어나는 괴력 이상이라고 마지막 메시지를 전했다. 청중들의 반응은 가히 대단했다. 특히 러시아에서 이민 온 한 남자의 말이 아직도 기억난다.

"10년 전에 당신의 메시지를 들었다면 내 삶은 달라졌을 것입니다. 나는 영국에 와서 정착하는 동안 너무나 힘들어 언제나 불평을 입에 달고 살았지요. 나에게 당신과 같은 결단력이 있었다면, 자신감을 가지고 하늘을 바라보며 살았을 텐데…."

너무나 안타까운 표정으로 말하는 그에게 나는 용기를 심어 주었다.

"지금도 늦지 않았어요. 오늘부터 자신감을 가지고 하늘을 바라보며 하루하루 사시면 됩니다. 그러면 삶이 변화되고 미래가 열리게 됩니다."

나의 강의 이후, 그 교회에서는 큰 부흥이 일어났다고 한다.

이 세상에는 나와 같은 경험과 메시지를 전하는 이들이 많다. 또 하나님이 그들을 들어 쓰심을 믿는다. 그러나 나는 평생 기도를 통해 하나님의 역사를 목도했고, 수많은 간증들이 있기에 청중들에게 확신을 주는 이 일을 멈출 수가 없다. 하나님이 아니었다면 런던에서도, 뒤이어 가진 호주 강의에서도 나는 그 어떤 확신도 줄 수 없었을 것이다. 하나님께서 많은 사람들에게 메시지를 전하라고 나를 강단에 세우시는 단 하나의 이유는 내 삶 자체가 그 메시지를 담고 있기 때문이리라.

대표기도의 원칙

나는 오랜 기도생활을 통해 하나님께 드리는 기도 가운데 대표기도 또한 큰 은혜가 있음을 깨달았다. 하나님은 우리 한 사람, 한 사람과 개별적으로 만나길 원하시고, 우리 각자의 이야기를 듣기 원하신다. 또한 우리가 속한 공동체가 합심하여 한 마음으로 드리는 기도를 듣기 원하신다.

나는 주일학교 전도사님께 배웠던 기도 원칙들이 대표기도에도 고스란히 적용되는 것을 많이 느낀다. 그중에 하나가 자신이 아뢰어야 할 것들을 전심으로 아뢰는 것이다. 이것을 대표기도에 적용하면 함께 기도를 드리는 공동체가 아뢰어야 할 것들이 무엇인지를 알게 된다. 나는 오랫동안 소망교회에서 봉사하면서 몇 번의 대표기도를 맡은 적이 있다. 매일 새벽기도를 드리고 누구보다 기도에 열심을 내는 나이지만 대표기도만큼은 준비하는 시간을 반드시 가져야 함을 느낀다. 대표기도를 맡은 사람이 준비 없이 단상에 올라가 기도를 드리면 공동의 기도가 힘없이 끝나기 쉽고 중언부언할 수 있으며 괜히 시간만 늘어질 수 있기 때문이다.

> 교회 공동체에서 하는 기도는 개인의 소원을 아뢰는 것이 아니다. 철저하게 감사, 회개, 그리고 교회 공동체가 바라는 것과 소망해야 할 것들을 아뢰는 것이다.

대표기도를 할 때 나만의 원칙이 있다. 우선 정해진 시간이 있기 때문에 기도문을 꼭 써서 읽는다. 그래야 중언부언하지 않고 시간을 지킬 수 있다. 그러나 그 전에 반드시 대표기도가 무엇인지부터 생각해 본다. 기도는 하나님께 감사드리고 우리가 잘못한 것을 사죄드린 후에 우리의 소원을 아뢰는 것이다. 교회 공동체에서 기도하는 것은 개인의 소원을 이야기하는 것이 아니라는 뜻이다. 철저하게 감사, 회개, 그리고 교회 공동체가 바라는 것과 소망해야 할 것들을 아뢰어야 한다. 이런 원칙에 따라 작성한 나의 대표기도문을 소개해 보겠다.

"자비로우신 하나님 아버지,

오늘도 저희들을 하나님 전에 불러 주시고 찬송과 기도와 말씀으로 은혜 받게 하여 주심을 감사드리옵니다. 지난 일주일 동안 세상에서 살면서 스스로 또는 타의에 의해 어쩔 수 없이 죄와 짝지어 살았으나 이제는 주님 전에 나아와 은혜를 간구하는 마음으로 기도드릴 수 있게 하여 주심을 진심으로 감사드리옵니다.

세상일에 쫓기어 심신이 피곤한 저희들에게 위로를 주시고 주님을 바라보며 고통의 멍에를 벗게 하여 주시옵소서. 세상일로 일그러진 마음, 헛된 일로 상해 버린 마음을 거룩하신 주님의 손으로 어루만지사 치유를 받아 평안하게 하여 주시옵소서. 매사에 용렬하여 결단을 못 내리는 저희들에게 용기와 희망을 주시옵고 모든 일에 있어서 하나님을 의지하고 순간순간 선택을 잘할 수 있는 지혜를 내려 주시기를 간절히 기도드리옵나이다.

군대에 가 있는 자녀들, 해외에 나가 있는 식구들, 각종 시험을 준비하는 수험생들, 병석에 누워 외롭고 쓸쓸함을 느끼는 사람들, 그리고 말 못 할 고민이 있는 사람들에게 주님께서 친히 임재하셔서 친구가 되어 주시고, 위로가 되어 주시고 안정된 마음을 가질 수 있도록 함께하여 주시옵소서.

(중략)

본 교회 여러 부서에서 헌신적으로 봉사하며 수고하는 성도들에게 주님께서 홀로 인정해 주심을 느끼게 하여 주시옵고 봉사하는 일 가운데 큰 은혜를 받게 하여 주시옵소서.

주님을 두려워하는 이 나라 지도자를 세우셨사오니 우리 믿는 사람들이 앞장서서 빛과 소금의 직분을 다하여 복지국가를 만들 수 있는 능력과 힘을 주시옵소서.

권력과 재물, 명예를 탐하는 마음을 벗어버리고 오직 깨끗한 일에만 열중하는 사람들이 국가와 사회 요소요소에서 일할 수 있는 풍토가 이루어지도록 살펴보아 주시옵소서.

오늘도 하나님이 특별히 사랑하셔서 귀히 쓰시는 목사님을 통하여 저희들에게 선포하는 말씀이 하나님께서 직접 들려주시는 말씀으로 느끼게 하여 주시고 한 사람도 거저 가는 이가 없이 은혜의 감동을 받게 하여 주시옵소서.

이 모든 말씀을 주 예수 그리스도의 이름 받들어 기도드리옵나이다. 아멘."

　　　　　　　　　　　　　　　　　　-1993년 5월 2일 대표기도문

"거룩하신 하나님 아버지!

지난 일주일 동안 저희들을 보호하시고 주님의 품에 있게 하여 주셨다가 거룩한 성일을 맞아 하나님 전에 나와 은혜 받게 해주신 것을 진심으로 감사드리옵나이다.

저희들은 스스로 지은 죄로 인하여 저주의 심판을 받을 수밖에 없는 부족하고 나약한 존재이지만 이처럼 저희를 사랑하시고 주님 품에 불러 주시며 위로하여 주시고 화평을 주시며 새 희망 속에 주님을 바라보고 살 수 있게 해주시니 그 은혜를 감사드리옵나이다.

저희들이 세상에 섞여 살면서 너무 바라는 것이 많았고, 또 기대했던 일들이 원했던 시간에 이루어지지 않음으로 인해서 심신이 피곤함을 느끼며 무거운 짐을 지고 힘겨워할 때가 많았습니다. 그렇지만 그때그때 위로해 주시고 편히 쉬게 해주신 은혜를 진심으로 감사드리옵나이다. 작은 것을 얻어도 감사히 소중하게 여기는 가운데 하나님께서 더욱 큰 것을 주신다는 것을 깨닫게 해주신 은혜 또한 감사드리옵나이다.

자비로우신 하나님 아버지! 저희들이 예수를 믿고 난 후 변화된 것이 많게 된 것을 감사드리옵나이다. 모든 잘못된 일들은 나 아닌 다른 사람에게 그 이유가 있다고 생각했던 저희들이, 이제는 변하여 스스로를 성찰하게 하시며 자기가 생각하고 판단했던 일들이 가장 옳은 것처럼 행동하고 남을 판단했던 무의식적 습성과 굴레 속에서 해방되어, 그 모든 일들의 책임이 내게 있음을 깨닫게 해주심을 감사드리옵나이다.

하나님의 거룩한 성전에 나아와 조용히 눈을 감으면 교만한 마음이 사라지고 오만한 길에서 돌아설 수 있는 힘과 능력을 새롭게 받게 된다는 것을 느끼게 해주심을 감사드리옵나이다.

경영하는 사업이 잘 안 되거나 직장을 잃은 성도들에게 주님께서 함께하심을 깨닫게 하여 주시고 그들을 친히 위로해 주시며, 소망을 주시고 마음 가운데 평안을 주셔서 갈 길을 인도하여 주시옵소서.

세상의 명예나 재물, 권세에 연연하여 시험에 빠지지 않게 하시고 너무 가진 것이 많아 재물을 관리하는 데 피곤치 않게 하시며, 너무 가진 것이 없다고 비굴하지 않게 해주시옵소서. 가난하거나 부하거나 건강하거나 병약했을 때, 주님만 바라보고 감사할 수 있는 참 복을 받을 수 있게 되기를 간절히 바라옵나이다.

이 나라 정치 지도자들과 대통령을 위하여 기도드립니다. 주님께서 그들과 함께해 주시고 이 나라를 주님의 지혜로 다스릴 수 있도록 이끌어 주시옵소서.

특별히 북한 땅에 주님의 복음이 자유로이 전파될 수 있기를 간절히 기도드리옵나이다.

오늘 이 자리에 모인 성도들에게 한결같은 은혜를 부어 주셔서 예배를 마치고 돌아갈 때는 특별히 마음이 가볍고 가슴이 시원하며 기쁜 화평을 얻고 주님을 바라보며 소망이 넘치게 하여 주시옵소서. 이 모든 말씀을 예수 그리스도의 이름으로 기도드리옵나이다. 아멘."

— 2002년 9월 1일 대표기도문

대표기도를 할 때는 공동체의 절실한 문제들을 주님께 솔직히 아뢰어야 한다. 그것이 자신의 문제와 자신의 고백이어야 하고, 자신의 잘못으로 회개해야 한다. 이렇게 전심으로 기도를 준비할 때 하나님께서 먼저 기도드리는 사람의 영혼을 강건하게 하실 것이다.

> 대표기도를 할 때는 공동체의 절실한 문제들을 주님께 솔직히 아뢰어야 한다. 그것이 자신의 문제와 자신의 고백이어야 하고, 자신의 잘못으로 회개해야 한다. 이렇게 전심으로 기도를 준비할 때 하나님께서 먼저 기도드리는 사람의 영혼을 강건하게 하실 것이다.

덴마크와 이스라엘에서 공통적으로 느낀 것은 하나님을 경외하는 나라와 민족과 개인은 결코 약하지 않다는 사실이다. 하나님은 기도하는 공동체 가운데 하나님의 마음을 부어 주신다. 그리고 그 마음으로 회개하며 하나님의 방향대로 걸어 나가려는 공동체가 전심을 다해 기도드릴 때 비로소 공동체 구성원들이 동일한 열정과 비전을 공유하게 된다.

나를 향한 하나님의 사랑은 끝이 없었다. 하나님께는 없는 것이 없으니 우리가 하나님께 전심으로 일생을 드릴 때 하나님은 우리 인생을 신비로운 기적의 세계로 안내하신다. 세상적인 부귀영화를 꿈꾸지 않고 하나님의 뜻에 어긋나지 않게 최선을 다했을 때, 하나님은 우리의 삶을 더 가치 있게 만드신다. 예수 믿는 사람의 삶을 통해 하나님의 영광이 드러나길 원하시기 때문이다.

第6部

기도한 것 이상으로 들어주시는 하나님

아내의 끈질긴 기도숙제

1978년 이스라엘 벤구리온 대학 교수직을 사임하고 서울 건국대 교수로 발령 받아 한국으로 돌아왔다. 그런데 전세를 얻어 살다 보니 6개월마다 이사해야 하는 불편이 있었다. 당시에는 전세계약 기간이 6개월 단위로 되어 있어서 집주인들은 6개월마다 전셋값을 올렸다. 우리는 '마누라 없이는 살아도 장화 없이는 못 산다'는 자양동에 전세를 얻었다. 이사 간 지 두어 달 지나니, 아스팔트 도로가 깔리고 시내버스가 들어오고 자동차가 다녔다.

집주인들은 집값이 오를 거라고 좋아했지만 가난한 사람들은 살던 동네가 개발되자 다른 곳으로 쫓겨나다시피 했다. 그러다 보니 우리 가족 역시 이리저리 이사를 다니며 집 없는 설움을 겪게 되었다.

우리 부부는 이사하는 번거로움을 피하기 위해 열심히 저축했고 마침내 결혼하고 처음으로 연립주택을 사서 이사를 했다. 그 집은 빈민촌 골목에 있는 작고 허름한 집이었다. 비가 오면 비포장 길이 온통 진흙탕으로 변해 곤혹을 치르곤 했다. 그러나 아무리 주위 환경이 불편하고 좋지 못해도 이사 가라고 내쫓는 사람이 없으니 천국이 따로 없었다.

한번은 이스라엘에서 유학할 때 나의 지도교수였던 선생님이 한국을 방문했다. 지도교수님은 아버지와도 같은 존재여서 나는 조금도 망설임 없이 우리 집으로 초대했다. 그리고 정말 극진히 교수님을 대접했다. 집이 좁아 불편하셨을 법도 한데 교수님은 눈살 한번 찌푸리지 않고 즐거운 시간을 보내다 가셨다.

며칠 후 아내가 뜻밖의 말을 했다.

"여보! 세계적인 교수님이 이렇게 작고 누추한 우리 집을 보았으니 어떡해요."

"괜찮아. 우리 집이 뭐가 어때서…."

"우리 하나님께 기도 한번 해요. 지금보다는 깨끗한 집에서 살 수 있게 해달라고."

"무슨 말이야, 내가 어떻게 그런 기도를 해. 전세 살다가 이제야 우리 집을 장만해서 행복하게 살고 있는데, 무슨 좋은 집을 달라고 기도하라는 거야?"

전셋집을 구하면서 설움을 많이 당한 터라 나는 눈치 안 보고 두 다리 뻗고 살 수 있는 우리 집이 생겨 너무 좋았다. 그런데 갑자기 웬 집 타령인지 도무지 아내의 마음을 이해할 수가 없었다.

"그래도 명색이 대학 교수인데, 지금 집은 너무 허름하고 낡았어요. 허세를 부리자는 게 아니라 좀 더 깨끗한 집으로 이사 가고 싶어서 그래요. 그러니 같이 기도해 봐요, 여보."

아내는 쉽게 포기할 것 같지 않아 보였지만 나 역시 그런 기도를 드릴 생각이 눈곱만큼도 없었다. 작고 허름한 그 집에 사는 것만으로도 나는 감사하고 행복했다.

> 하나님 앞에서 한없이 작고 미약한 존재인 우리, 가진 것은 작은 집 한 칸인데 큰 집을 달라고 기도하는 우리이지만, 하나님은 그런 우리의 마음 중심을 보시고 큰 섭리와 은혜 가운데 돌보아 주셨다.

그때부터 아내와 팽팽한 신경전이 시작되었다. 하루 종일 학교에서 강의하다가 집에 오면 아내는 집 이야기부터 꺼냈다. 피곤해서 잠이 들라고 하면 아내는 "내일 새벽기도 때 깨끗한 새 집으로 이사 가게 해달라고 기도한다고 약속해요" 하면서 나의 대답을 강요했다. 아내는 몇 날 며칠을 계속 나를 붙들고 졸랐다. 결국 나는 아내의 끈질긴 부탁에 두 손을 들고 말았다. 새벽기도 때 하나님께 기도를 드리기로 약속한 것이다. 다음날 나는 새벽기도 때 집 문제를 놓고 기도를 올렸다.

"하나님, 제 아내가 좀 더 깨끗하고 아늑한 집으로 이사 가기를 원합니다. 그러나 사실 저는 지금 살고 있는 집도 만족하고 감사합니다. 그러니 이 집에서도 만족하고 감사하며 살 수 있도록 아내의 마음을 바꿔 주십시오."

나는 아내의 바람대로 더 좋고 깨끗한 집을 달라고 기도하지 않았다. 도리어 아내의 마음을 바꿔 달라고 기도했다. 그러고 나서 며칠 뒤 출근 준비를 하고 아침 밥상 앞에 앉았는데, 그날따라 아내의 기분이 좋아 보였다. 콧노래를 부르던 아내는 나를 쳐다보며 물었다.

"여보, 당신 오늘 몇 시에 퇴근해요?"

"퇴근은 왜? 무슨 일 있어?"

"오늘 일찍 퇴근하고 나랑 우리가 살 집 보러 가요."

나는 아내의 말에 가슴이 철렁 내려앉았다. 아내는 내가 기도했으니 빨리 집을 보러 가야 한다는 것이었다. 이유인즉 하나님께서는 언제나 나의 기도를 들어주셨으니 이번에도 당연히 그럴 거라는 것이었다.

그 무렵 잠실에 새 아파트 분양이 있다는 소식이 들리자 아내는 나를 이끌고 잠실에 있는 모델하우스를 보러 갔다. 모델하우스에 들어선 순간 나는 깜짝 놀라 뒤로 자빠질 뻔했다. 연립주택과는 비교도 안 되는 완전 딴 세상이었다. 집 크기도 다양했다. 아파트 값을 보니 지금 살고 있는 집을 팔고 그간 모아 놓은 돈을 합치면 어지간한 집 한 채는 마련할 수 있었다. 나는 내 재산에 맞는 작은 평수의 아파트를 보려고 들어가는데, 아내는 내 손을 꽉 붙잡고는 말렸다.

"아니, 하나님께 기도까지 한 사람이 왜 이렇게 작은 집을 봐요? 기왕이면 넓은 집을 봐요."

사람들이 오가는 모델하우스 입구에서 아내와 옥신각신할 수 없어 나는 작은 평수와 큰 평수를 공평하게 다 보자고 했다. 아내도 내 제안에 수긍을 하고 우선 작은 평수부터 보러 갔다. 그런데 아내는 보는 둥 마는 둥하더니 집 구석구석을 꼼꼼이 살펴보던 나의 손을 붙잡고 큰 평수 모델하우스로 서둘러 데리고 갔다. 내가 머릿속으로 열심히 집값을 계산하고 있는 동안 아내는 집 구경에 푹 빠져 있었다. 얼마나 눈을 반짝이며 구석구석 샅샅이 살피는지 도통 집에 갈 생각을 안 했다. 하지만 내 월급으로는 아무리 저축해도 그 집 사기는 하늘에 별 따기였다. 나는 마음이 심란했고 아내는 콧노래를 부르며 모델하우스를 나왔다. 아내는 하나님이 그 집을 주실 줄 믿는 것 같았다.

집에 돌아와 자려는데 좀처럼 잠이 오지 않았다. 옆에 누운 아내가 나에게 말을 건넸다.

"여보! 우리 내일 기도 한 번만 더 해요. 이사 갈 집을 보고 왔으니까 한 번만 더 해요."

나는 어안이 벙벙했다. 아내는 기어이 그 집으로 이사 가고야 말겠다는 기세였다. 나는 그 집을 달라는 기도를 한 적도 없고 내일 새벽기도에서 그 기도를 하고 싶지도 않았지만, 아내는 무슨 생각에서인지 너무나 당당하게 그 기도를 꼭 하라면서 나의 다짐을 받아 냈다.

문제는 나는 작은 집이 좋은데, 아내는 큰 집을 놓고 기도해야 한다는 것이었다.

"기도는 우리 힘으로 되지 않는 일을 놓고 하는 거잖아요. 우리 큰 집을 놓고 기도해요."

아내의 단호한 태도에 나는 이번에도 기도 약속을 하고 말았다. 다음날 나는 새벽기도에서 단단히 마음을 먹고 하나님을 찾았다.

"하나님! 제 상황을 다 알고 계시죠? 저는 작은 집에도 만족합니다. 제발 아내도 작은 집에 만족할 수 있도록 마음을 바꿔 주십시오. 아내는 외국 교수님들에게 저의 체면이 깎일까 봐 걱정인가 봅니다. 하지만 작은 평수의 아파트에 산다고 체면 깎이는 것은 아니니 제발 아내의 마음을 바꿔 주십시오. 무조건 하나님 뜻대로 해주십시오."

나는 아내의 부탁과는 전혀 다른 기도를 드리고 집으로 왔다. 아침을 먹으면서 아내가 또 내 눈치를 보며 말을 꺼냈다.

"오늘은 몇 시에 퇴근해요? 퇴근하면 곧장 집으로 와요."

"아니, 왜 또?"

"오늘 우리 집 내놔야지요."

"뭐라고?"

나는 아내의 말에 입이 딱 벌어져 아무 말도 할 수가 없었다. 그날 아내는 온 동네 복덕방에 우리 집을 내놓았고, 며칠 뒤 우리 집을 보러 사람들이 찾아왔다. 정말이지 아내는 확실한 믿음을 가지고 있었고 또 그 믿음을 즉시 실천에 옮겼다.

그러던 어느 날 내가 운영자문위원으로 있던 농협중앙회 회의에 참석했다. 청와대 근무 당시 함께 일했던 친구가 농협중앙회 회장으로 있었는데, 회의 시작 전에 나는 혹시나 하는 마음으로 그 친구에게 집 장만에 필요한 돈을 빌릴 수 있느냐고 물었다. 아내가 집 장만을 위해 밀고 나가는데 아무런 준비도 안 하고 그냥 있기가 내심 불안했던 것이다. 그러자 친구는 그 즉시 우리 집에서 가까운 농협 지점의 지점장에게 부탁해 일명 후취담보로 돈을 빌릴 수 있게 해주었다. 나는 신용만으로 은행에서 돈을 빌려 아내의 소원대로 간신히 아파트 계약을 할 수 있었다. 그리고 아내의 바람대로 큰 집으로 이사를 갔다.

하나님은 우리가 무어라 기도해도 하나님이 우리를 사랑해 주시는 만큼 우리가 바라는 것보다 더 많은 것을 주시기도 하고, 더 작게 주시기도 하고, 바라지 않아도 주시는 일이 많다. 그것은 어디까지나 하나님이 사랑해 주시는 그 사랑에 따라 우리에게 결과적으로 유익하게 해주시는 거라고 믿는다.

생각지도 못한 큰 집에 살게 되면서 나는 하나님이 그동안 나에게 붙여 주신 사람들이 얼마나 소중한지를 새삼 깨달았다. 함께 일했던 친구의 도움으로 집을 얻을 돈을 마련할 수 있었던 것도 하나님의 은혜라는 생각이 들었다. 무엇보다 내 아내의 강철 같은 믿음에 다시 한 번 놀랐다.

내 평생 이런 기도를 다시 하라고 하면 아마 그때처럼 똑같이 기도할 것이다. 그러나 아내의 소원을 하나님께서 들어주신 이유는, 아내의 순수한 믿음을 귀하게 보신 때문이라는 생각이 든다. 그리고 내가 원치 않더라도 하나님께서 나를 보살펴 주시고, 다른 사람들에게 하나님을 믿는 사람은 이렇게 해주신다는 예시로 해주신 것 같기도 하다.

하나님 앞에서 한없이 작고 미약한 존재인 우리, 가진 것은 작은 집 한 칸인데 큰 집을 달라고 기도하는 우리이지만, 하나님은 그런 우리의 마음 중심을 보시고 큰 섭리와 은혜 가운데 돌보아 주셨다. 나는 감사와 찬양하는 마음으로, 어떤 어려움이 닥쳐와도 요동치 않는 반석과 같은 믿음으로 이 나라와 민족을 위해 더 열심히 일하는 사람이 되어야겠다고 다짐했다.

나의 꿈을 펼치다 농촌을 향한

1991년 나는 건국대학교 농과대학장으로 재직 중이었다. 그 무렵 하나님께서 내가 꿈꾸던 평생의 사업을 할 수 있도록 길을 열어 주신 대사건이 있었다.

어느 날 교보생명의 설립자인 신용호 회장님이 나를 만나고 싶어 한다며 비서실에서 연락이 왔다. 나는 이미 꽉 짜인 스케줄 때문에 시간이 여의치 않다고 대답했다. 그랬더니 30분 후 다시 전화가 왔다. 일정이 바쁘더라도 밥은 먹어야 할 테니 점심이나 같이 하면서 우리나라 농촌에 대해 이야기를 나누자고 했다.

광화문 교보빌딩 2층에 있는 한 레스토랑에서 나는 신 회장님과 식사를 하며 무려 두 시간이나 농촌에 대한 이야기꽃을 피웠다. 농촌 이야기라면 나는 내 앞에 앉아 있는 사람이 대통령이든 그룹 회장이든 거침없이 이야기가 쏟아져 나왔다. 나중에 들은 이야기지만, 그날 회장님은 나의 청와대 시절 이야기와 유학 이야기, 농촌개발 이야기에 빠져서 시간 가는 줄 몰랐다고 한다. 그날 이후 나는 그분과 몇 번 더 만남을 가졌고, 회장님은 자신도 농촌 출신이라고 밝히며 무언가 도울 일이 없느냐고 물었다.

> 나는 재단을 만들어서 농촌 개발을 위한 다양한 계획들을 실천에 옮기고 싶다고 자세히 설명했다. 적어도 100억이 드는 큰 규모라고 덧붙였다. 그런데 교보생명 신 회장의 반응이 뜻밖이었다. 하나님의 일은 정말 단숨에 이뤄졌다.

"류 박사님의 이야기를 듣고 보니, 농촌을 도와야겠다는 마음이 더 강해집니다. 비즈니스를 하는 나 같은 사람이 농촌을 도울 수 있는 방법이 뭐 없을까요?"

나는 재단을 만들어서 농촌 개발을 위한 다양한 계획들을 실천에 옮기고 싶다고 자세히 설명했다. 적어도 100억이 드는 큰 규모라고 덧붙였다. 나는 믿음이 없어서인지, 그 돈보다 더 많은 액수를 제안할 용기도 없었고 그 이상의 돈은 꿈꿔 본 적도 없었다. 그런데 회장님의 반응이 뜻밖이었다.

"아니, 100억이면 됩니까? 정말 100억이면 류 박사가 하고 싶어 하는 농촌 살리기 사업을 할 수 있어요? 그 100억 당장 드리겠습니다."

더 놀라운 것은, 100억을 줄 테니 내 마음대로 사업을 펼쳐 보라는 것이었다. 그러면서 그 100억으로 무엇을 할 것인지 계획이나 더 자세히 들어 보고 싶다고 했다. 나는 그분께 더 상세히 내가 가지고 있는 여러 계획과 포부들을 밝혔다. 그리고 회장님이 쾌척하신 100억으로 대산농촌문화재단을 설립했다. 하나님이 개입하시면 역사는 단숨에 이루어진다. 평생에 걸쳐 오랫동안 준비해 온 일이기에 기회가 왔을 때 잡을 수 있어 더없이 감사했다.

이후 나는 신 회장님과 자주 만나 재단 일과 다양한 농촌진흥 프로젝트에 대한 상세한 보고를 했다. 회장님께 기증받은 돈으로 재단에서 상을 제정해 장학금과 연구비를 지원하는 사업도 병행했다. 그럴 때마다 회장님은 흐뭇한 미소를 지으며 도리어 나에게 고맙다는 인사를 했다.

"류 박사님 덕분에 내가 친구들에게 얼마나 부러움을 사는지 모릅니다. 돈을 가치 있게 쓴다고 다들 난리입니다."

1년 후 어느 날 나는 회장님의 집에 초대를 받아 가게 되었다. 그날 회장님은 다시 한 번 나를 깜짝 놀라게 했다.

"류 박사가 있어 내가 얼마나 기분이 좋은지 몰라요. 내가 좀 더 지원을 하겠습니다."

회장님은 다시 100억을 기증했다. 그 자원으로 대산문화재단을 설립하고 대산문학상을 지원했다. 2년 후 또다시 100억을 받아 교육재단을 설립했다. 이렇게 일하다가 문득 돌아보니, 나한테 너무 많은 직함이 달려 있음을 깨달았다. 나는 회장님께 부탁을 했다.

"회장님, 대한민국에 류태영만 사람이겠습니까. 제가 맡은 재단 중 두 곳은 사임하고 한 곳에만 전념하고 싶습니다."

그 제의가 받아들여져 나는 당시 대산농촌문화재단 이사장직만 맡았다.

대산 신용호 회장님을 창립 이사장으로 모시는 데도 많은 노력이 필요했다. 신 회장님은 류 박사가 세웠으니 초대 이사장직을 나보고 맡으라고 하셨다. 그러나 그건 결코 안 될 말이었다. 나는 한사코 고사하면서 신 회장님을 찾아가 수차례 설득하여 겨우 허락을 받아 냈다. 회장님은 자신이 창립 이사장을 맡는 대신 모든 일은 나에게 맡긴다고 하셨다. 이사 선임, 직원 채용, 사무실 꾸리기 등 전권을 일임한다고 하셨다.

창립 이사회 때의 일이 생각난다. 나는 부이사장으로서 개회를 선언하고 "창립 이사장님의 인사 말씀이 있겠습니다"라고 했다. 그러자 신 회장님이 일어서서 이런 말씀을 하시는 것이었다.

"저는 창립 이사장입니다. 하지만 모든 권한은 부이사장인 류태영 박사에게 맡기고자 합니다. 여러 이사님들이 류 박사와 협력하여 재단을 잘 운영해 주시기 바랍니다."

모든 이사들이 참석한 자리에서 회장님은 인감도장을 내게 건네며 말을 덧붙이셨다.

"오늘 이 시간 이후로 이사회의 모든 결정은 류 박사가 할 것입니다. 이사를 선정하는 것도 사업을 결정하는 것도 모두 류 박사가 할 것입니다. 저는 앞으로 이사회에 나오지 않을 것입니다."

그 말을 마치고 회장님은 회의실 문을 열고 나가셨다. 그만큼 그분은 나에게 전폭적인 신뢰를 쏟아 부어 주셨다.

그 후 나는 한 달 동안의 활동을 보고서로 작성해서 올렸다. 그랬더니 회장님이 불같이 화를 내시며 보고서를 작성하지 말라고 하셨다. 다시 한 달 뒤 직접 만나서 구두로 사업 보고를 하자 또 역정을 내셨다.

"류 박사! 나는 그 일 말고도 바쁜 일이 많습니다. 재단 이야기는 그만합시다."

"회장님! 전 아무래도 이해가 안 갑니다. 제가 그 돈을 몽땅 가지고 미국으로 도망가면 어쩌려고 그러십니까?"

"그럼 할 수 없지요. 소매치기 당했다고 생각해야지. 세상에 제일 미련한 짓이, 버스에서 소매치기 당하고 후회하는 사람입니다. 도둑맞은 순간 바로 잊어야 해요."

만약 내가 돈을 가지고 도망간다면 회장님은 그 순간 바로 나를 잊겠다고 말씀하셨다. 그러니 보고서도, 영수증도 필요하지 않다고 하셨다. 모든 것을 일임했으니 나보고 알아서 하라고 재차 강조하셨다.

나는 농촌개발 사업을 추진하면서 체계적으로 개발 분야를 나누었다. 종자개량, 육종 재배와 사육, 마케팅, 이렇게 세 분야였다. 그중에서 열악한 부분이 종자개량, 신품종 개발, 육종 분야이니 이쪽으로 더 관심을 집중하여 개발시킬 계획이었다. 그런데 회장님이 나를 만나시더니 개발 분야를 다른 것으로 바꾸는 게 좋겠다고 하셨다. 그 무렵 정부에서 엄청난 투자를 해서 농촌진흥청을 만들고 있다는 것이 그 이유였다. 자칫 잘못하면 국가사업과 충돌할 수 있어서 나는 할 수 없이 본래 계획을 수정하여 현재 운영하는 농촌문화재단을 만들었다. 재단 사업은 농업과 농촌 개발에 유공자를 엄선하여 농촌문화대상을 주는 일, 농촌 청소년, 특히 농대생에게 장학금을 주는 일, 연구비 지원 등이었다.

> 이 세상에 태어날 때 하나님은 나에게 분명한 임무를 주셨고, 그 임무를 성실히 수행하기를 기대하신다. 내가 이 세상에서 부름받은 목적이 무엇인지를 늘 잊지 않고 하루하루 철저히 준비해 나갈 때 하나님은 사명을 이룰 기회를 열어 주신다.

이렇게 재단 사업을 추진하면서 나는 사명에 대해 다시금 생각해 보았다. 사명이라는 말을 한자로 풀어 보면 '부릴 사(使)'와 '목숨 명(命)'이다. 부름 받은 목숨, 부름 받은 몸이라는 뜻으로 해석할 수 있는데, 간단히 말하면 심부름꾼이라고 할 수 있다.

가장 작은 심부름꾼을 '소사'라고 하며, '대사'나 '특사'는 나라나 국가 원수를 대신해 국가의 심부름을 하는 사람이다. 이 세상에 태어날 때 하나님은 나에게 분명한 임무를 주셨고, 그 임무를 성실히 수행하기를 기대하신다. 내가 이 세상에서 부름 받은 목적이 무엇인지를 늘 잊지 않고 하루하루 철저히 준비해 나갈 때 하나님은 사명을 이룰 기회를 열어 주실 것이다. 사명의식은 하나님의 주권에 순종하며 자신의 재능을 하나님 나라를 위해 쓸 때 빛을 발한다.

마음속에 무거운 근심이 있거나 시험을 당할 때, 뼈아픈 눈물을 흘릴 때와 쓰라린 맘으로 탄식할 때도 하나님은 우리와 함께하신다. 그리고 언제나 우리를 생각하고 도와주신다. 그리고 사명의식을 가지고 일생을 하나님께 드리려고 애쓸 때 우리가 흘리는 눈물과 땀을 신비로운 방법으로 닦아 주신다.

하나님은 하나님을 믿는 모든 이에게, 그리고 간절히 하나님의 뜻을 구하며 그 나라를 위해 애쓰는 사람들에게 동일한 은혜를 준비하고 계신다. 그 사실을 우리가 믿느냐, 믿지 않느냐에 따라 은혜를 받을 수도 아닐 수도 있다. 하나님의 인도하심과 은혜를 믿을 때 진정으로 우리 인생에 개입하시는 하나님을 체험할 수 있다.

셀 수 없는 하나님의 선물

 우리는 하나님께 기도할 때 이것 해달라 저것 해달라는 부탁이 대부분이다. "하나님, 건강하게 해주세요", "하나님 돈 잘 벌게 해주세요", "하나님, 자식들 잘 되게 해주세요", "하나님, 출세하게 해주세요" 등 한도 끝도 없다. 그러면 하나님께서는 우리를 측은하게 생각하시며 그 기도를 들어주신다.
 어린아이는 철저하게 자기중심적이라 자신이 원하는 것만 보고 생각한다. 그런데 그 아이가 성장하여 어른이 되면 부모 중심으로 생각하고 챙기려 한다.

우리의 신앙과 기도도 마찬가지다. 우리의 신앙이 성숙해지면 철저한 자기중심의 유치한 신앙과 기도의 습성에서 벗어나 "하나님 선교하겠습니다. 전도하겠습니다. 봉사하겠습니다" 하며 하나님 중심의 신앙으로 바뀐다. 우리가 이렇게 변화하면 하나님께서는 우리가 기도하여 간구하지 않아도 그 부분들을 알아서 풍족히 채워 주신다. 우리가 미처 기도하지 못한 것들까지 더 좋은 방법으로 채워 주셔서 우리를 깜짝 놀라게 하신다.

하나님은 내게 기가 막히는 선물들을 많이 주셨다. 그래서 나는 우는 날보다 웃는 날이 훨씬 많았다. 눈물을 흘려도 그것은 오히려 감사의 눈물이었다. 늘 감사한 일들뿐이어서 찬양이 입에서 떠나지 않았다. 하나님이 나에게 주신 깜짝 선물들은 정말 놀라웠다.

어렸을 때부터 근검절약이 몸에 밴 터라, 나는 경제적으로 안정된 후에도 돈을 아꼈다. 물건이 해지지 않으면 버리지 않았고 필요 이상으로 구입한 적도 없다. 자동차도 예외는 아니었다. 필요에 의해 차를 구입했기에 사치나 과시용으로 자동차를 운용할 생각은 없었다. 당시 나는 중고차를 구

> 하나님께서는 우리가 기도하여 간구하지 않아도 그 부분들을 알아서 풍족히 채워 주신다. 우리가 미처 기도하지 못한 것들까지 더 좋은 방법으로 채워 주셔서 우리를 깜짝 놀라게 하시는 것이다.

입해 타고 다녔는데 어느 날 신 회장님이 나를 보자고 하셨다. 회장님 방에 가자 뜬금없이 자동차 카탈로그를 보여 주시는 것이었다. 카탈로그 안에는 장관급 정도 되는 분들이 타는 고급 승용차들이 가득했다.

"류 박사, 이 검은색 차 어떻습니까? 괜찮아 보여요?"

"네, 회장님! 좋아 보이네요."

"류 박사가 지금 타고 다니는 차는 너무 작습니다. 류 박사처럼 훌륭한 사람은 더 좋은 차를 탈 자격이 있어요."

신 회장님은 누구보다 나를 아꼈고, 내가 하는 일을 귀히 여겼으며, 나를 훌륭한 사람이라고 입버릇처럼 격려해 주셨다. 그러더니 그날은 자꾸만 고급 승용차를 선물로 주고 운전기사도 친히 월급을 주며 두게 해 주겠다고 하셨다. 하지만 고급 승용차에 전혀 욕심이 없었던 나는 정중히 거절했다. 그런데도 회장님은 포기하지 않고 서너 차례 더 나에게 승용차 선물을 받을 것을 권유하셨다. 그리고 며칠이 지났을까, 자동차 회사 사장한테서 연락이 왔다.

"류 박사님! 회장님한테 류 박사님이 아직도 그 작은 차를 타고 다니신다고 제가 얼마나 혼이 났는지 모릅니다. 저를 봐서라도 제발 회장님이 추천한 차를 타 주십시오."

그는 간곡히 사정을 했지만, 나의 생각은 처음과 마찬가지였다. 내가 교만하여 괜히 고집이나 호기를 부리는 것이 아니었다. 하나님이 어린 시절부터 내게 훈련시키신 자족의 성품 때문이었다.

"죄송하지만, 저는 지금 타고 다니는 차에 만족합니다. 그리고 제가 다니는 학교의 총장님도 그런 고급 승용차를 타고 다니지 않는데, 제가 어떻게 그런 차를 선물로 받겠습니까."

"네, 류 박사님 말씀은 잘 알겠습니다. 그럼, 서로 조금씩 양보를 하면 어떨까요?"

그의 제안이 하도 간절해서 한 가지 대안을 찾은 것이 운전기사 없이 내가 직접 운전하고 차종도 지금보다 낮은 것으로 바꾸는 것으로 합의했다. 그래서 그때부터 나는 팔자에도 없는 고급 승용차를 타기 시작했다.

하나님은 실력과 영향력을 갖춘 분들을 내게 보내셔서 나 혼자서는 할 수 없는 일들을 도모하게 하셨다. 그분들을 통해 베푸신 하나님의 은혜는 셀 수 없이 많다.

그러나 그 많은 물질과 혜택들보다 나를 더 감동시키는 것은, 하나님의 인격적인 돌보심이었다. 자존심이 상하거나 수치심을 느끼기 전에 이미 나를 돌보셨다. 어린 시절에 너무 많은 고난과 시련을 겪은 때문인지 작은 것 하나에도 감사할 줄 알았고, 어떤 것도 거저 얻으려 한 적이 없다. 그럴 때마다 하나님은 선한 사람들을 통해 끊임없이 나의 필요를 채워 주셨다.

한번은 이런 일도 있었다. 그토록 원하던 잠실 아파트에 이사 갔을 때였다. 날로 날로 집 주변이 번화가로 발전해 갔다. 근처에 롯데 백화점도 들어서서 아파트 주위가 복잡해지고 활기를 띠었다. 하지만 나는 주변이 빠르게 변하는 것과는 달리 옛날에 어렵게 살던 시절을 생각하며 입을 것, 먹을 것에 사치하지 않으려 했다. 일례로 매일 입고 다니는 양복은 싼 값에 네 벌 정도 맞추어 돌려 가며 입었다. 비싼 양복 한 벌보다 싼 양복 여러 벌이 나에게는 더 실용적이고 경제적이었다. 누가 싸구려 옷이라 놀려도 괜찮았다. 생활하고 하나님의 일을 하는 데 전혀 지장이 없으니 그것으로 족했다.

그런데 이번에도 신 회장님이 고급 승용차에 이어 멋진 양복 한 벌을 선물해 주겠다고 나섰다. 허름한 내 옷이 마음에 걸린 모양이었다. 하지만 나는 옷은 충분히 있으니 더 맞출 필요가 없다고 한사코 고사했다. 신 회장님 역시 일생에 맞춰 입기 힘든 좋은 옷을 맞추어 주고 싶으니 거절하지 말라면서 단호하게 나오셨다.

"회장님, 정말 저는 괜찮습니다. 집에 좋은 옷이 세 벌이나 더 있어요."

회장님은 내 말은 듣지도 않고 누군가를 불렀다.

"가만 있자. 이봐, 들어오시라고 해."

갑자기 문이 열리고 한 남자 분이 들어왔는데, 호텔 양복점 사장이었다. 그는 대뜸 내 몸 치수를 재고 뭔가를 적어 나가기 시작했다. 그러는 사이 회장님은 바로 외출을 하셨고, 나는 그분에게 조심스럽게 양복 가격을 물었다.

"죄송합니다. 회장님께서 가격에 대해 일절 말하지 말라고 하셨습니다."

나는 할 수 없이 양복 치수를 재고, 회장실을 나왔다. 열흘 후 양복점 사장은 시침질한 옷을 가지고 왔다. 양복 가격을 다시 물으니, 그제야 대답을 해주는데 무려 250만 원이나 되었다.

> 하나님은 실력과 영향력을 갖춘 분들을 내게 보내셔서 나 혼자서는 할 수 없는 일들도 도모하게 하셨다. 그러나 그 많은 물질과 혜택들보다 나를 더 감동시키는 것은 하나님의 인격적인 돌보심이었다.

그는 영국에서 양 겨드랑이 털로만 짠 옷감이라며 매우 귀한 양복이라고 귀뜸해 주었다. 그 250만 원짜리 양복을 무려 세 벌이나 받았다.

그 옷을 입는 동안 나는 신 회장님의 마음 씀씀이에 너무나 감사하면서도 내내 불편했다. 이전에 입던 양복이 내 몸에 더 편하고 막 입기에도 좋았다. 비싼 양복은 눈, 비에 약하고 금세 구김이 가서 여간 조심스러운 게 아니었다. 나는 지금도 비싼 옷을 좋아하지 않는다. 나를 위한 옷이라야지, 옷을 위해 나를 맞출 수는 없기 때문이다.

하나님의 드라마틱한 선물의 결정판은 바로 세계여행이었다.

여행이라고는 신혼여행 때 안양유원지에 가 본 것이 고작이었다. 건국대학교 부총장을 그만둘 즈음, 하루는 신 회장님이 나를 부르셨다.

"류 박사! 해외 출장은 자주 다니지만 부부가 함께 출장을 간 적은 없지요?"

"네. 청와대에서 일할 때나 대학교에서 부총장을 지낼 때도 늘 저 혼자 다녔지요. 그게 원칙이기도 하고요."

"그럼, 이번에 내가 류 박사님 부부를 해외 출장 보내겠습니다. 30일에서 45일 동안 세계일주 출장입니다. 내가 모든 비용을 대겠습니다. 돈이 얼마가 들던지 걱정 말고 다녀오세요."

단, 다섯 가지 조건이 있었다. 반드시 첫째는, 일등석 비행기를 타라는 것이었다. 당시 서울에서 미국 뉴욕까지 왕복티켓이 일반석이 180만 원 할 때 일등석 가격은 800만 원이 넘었다. 그리고 제일 좋은 호텔, 제일 좋은 음식, 제일 좋은 차, 제일 마음이 편할 것이라는 조건이 붙었다.

그런 제안이 나에게 가당키나 하겠는가. 그것은 조건이라고 할 수도 없었다. 너무나 큰 제안이기에 처음에는 극구 사양했으나 신 회장님의 강권에 못 이겨 우리 부부는 일본, 하와이, 로스앤젤레스, 샌프란시스코, 워싱턴, 뉴욕, 밴쿠버, 토론토, 스웨덴, 덴마크, 독일, 오스트리아, 런던, 파리를 다녀오는 40일 세계일주 스케줄을 짰다. 그런데 신 회장님이 또 나를 부르셨다.

"그런데 류 박사! 내가 가장 편한 여행을 보내 주겠다고 했는데, 가만히 생각해 보니 매번 가방을 끌고 다니는 게 불편할 것 같아. 가방 챙겨 줄 사람 한 명 찾아보시오. 내가 그 비용도 댈 테니."

며칠 후 회장님에게 지나가는 말로 우스갯소리를 했다.

"회장님, 저는 아내와 함께 여행을 가는데, 그 비서는 혼자만 가니 제 마음이 너무나 아픕니다."

그 말이 떨어지기가 무섭게, 회장님은 비서도 부부동반으로 갈 수 있게 해주셨다.

이렇게 해서 내 나이 오십에 처음 세계일주 여행을 떠나게 되었다. 회장님이 여행 비용을 어찌나 넉넉하게 주셨는지 쓸 만큼 쓰고도 돈이 남을 정도였다. 보고서도 영수증 처리도 전혀 필요 없으니, 업무는 잊고 마음 편하게 다녀오라는 회장님의 당부를 귀에 못이 박히도록 듣고 여행을 떠났다. 내 생애 처음이자 마지막인 세계일주 여행은 황홀함 그 자체였다.

나를 향한 하나님의 사랑은 이렇듯 끝이 없었다. 하나님께는 없는 것이 없으니 우리가 하나님께 전심으로 일생을 드릴 때 하나님은 언제나 우리 인생을 신비로운 기적의 세계로 안내하신다. 세상적인 부귀영화를 꿈꾸지 않고 하나님의 뜻에 어긋나지 않게 최선을 다했을 때, 하나님은 우리의 삶을 더 가치 있게 만드신다. 예수 믿는 사람의 삶을 통해 하나님의 영광이 드러나길 원하시기 때문이다.

빌사일삼, 힘들수록, 바쁠수록,

내 인생에서 하나님이 가르쳐 주신 소중한 말씀이 있다면, 그것은 바로 빌사일삼, 즉 "내게 능력 주시는 자 안에서 내가 모든 것을 할 수 있다!"이다.

덴마크에서도, 이스라엘에서도 나는 이 말씀을 잊지 않고 살았다. 이 말씀을 붙들고 기도하며 성경 공부도 게을리하지 않았다. 특히 이스라엘에서는 히브리어, 헬라어 등으로 다양하게 성경을 공부했다. 그러다 보니 이성적인 신앙과 감성적인 신앙의 균형을 조금씩 잡게 되었다. 이성적인 신앙은 성경의 역사적 배경과 신학적 지식 등을 쌓는 것이고, 감성적인 신앙은 기도를 잘 드려서 성령의 은사를 받는 것을 말한다. 감성적인 신앙에 치우치면 하나님을 정확히 배우지 못해 신학적 무지 속에서 감성의 한계를 절감하게 된다. 반대로 이성적인 신앙에 치우치면 예수님의 행하신 이적과 성경에 기록된 하나님의 놀라운 역사들을 인간의 머리로 이해되지 않는다고 부인하는 죄를 범하게 된다.

그래서 나는 유학 시절 공부할 시간이 빠듯할 때도, 새마을운동으로 정신없이 바쁜 시간들을 보낼 때도 빌사일삼을 가슴속에 간직하며 기도와 성경 공부를 균형 있게 맞춰 가려고 애썼다. 그 말씀 속에는 '내가 주장하는 대로' 기도하지 않고 '내게 능력 주시는 자 안에서' 기도하라는 가르침이 담겨 있었다.

겟세마네 동산에서 예수님이 "내 아버지여 만일 할 만하시거든 이 잔을 내게서 지나가게 하옵소서 그러나 나의 원대로 마시옵고 아버지의 원대로 하옵소서"(마 26:39)라고 기도하신 것처럼 나 역시 그렇게 기도할 수 있기를 감히 바라며 평생에 걸쳐 노력하고 있다. 인성과 신성을 갖춘 예수님도 마지막에 하나님의 뜻대로 자신의 삶을 의탁하는 기도를 드렸다. 할 수만 있다면 이 잔이 내게서 지나가게 해달라고 했지만 아버지의 뜻대로 해달라고 간절히 세 번이나 기도하셨다.

우둔한 나는 하나님의 뜻이 무엇인지 잘 몰라 우왕좌왕하거나 갈등할 때가 많다. 그래서 더 성경을 읽고 공부하고 기도를 쉬지 않는다. 매사에 하나님께 물어야 그 답을 얻을 수 있기 때문이다. 하나님께 여쭈면 그분은 내가 묻지 않은 부분까지 세밀하게 지혜를 주셔서 바쁘고 빠듯한 시간을 절약할 수 있게 해주신다. 그래서 빌 하이벨스 목사님도 바쁠수록 기도하라고 하지 않았을까.

기도에 있어 가장 중요한 것은, 성경을 읽고 말씀에 의지해 기도하는 것이다. 나의 주관과 나의 처지를 고려해 기도하는 것이 아니라 말씀에 근거해 하나님의 뜻을 구해야 한다. 그래야만 바쁘고 다급한 일투성이인 현대사회에서 우리의 뜻이 아니라 하나님의 뜻을 구할 수 있다.

또한 기도할 때 주의해야 할 것이 있다.

첫째, 조급한 마음으로 당황하거나 초조해하지 말아야 한다.

하나님께서 틀림없이 내 편에 서서 내게 유익을 주실 거라는 확신을 갖게 되면 조바심이 나지 않는다. 하나님이 나와 함께하심을 믿을 때 하나님의 세미한 음성을 들을 수 있고, 그 방향으로 걸어갈 수 있다. 하나님께 집중하지 않으면 주변의 소음 때문에 하나님의 음성이 가려지고, 그러면 인내하지 못하고 자신이 무언가 빨리 해내려고 움직이게 된다. 그러나 하나님이 원하시는 것은, 우리가 무언가를 하는 것이 아니라 하나님께 나아와 아버지의 뜻을 구하는 것이다. 나는 이 진리를 말씀과 내 삶을 통해 절실히 깨달았다. 아마도 하나님이 내게 베푸신 은혜들은 내가 그분 앞에 엎드린 것을 어여삐 보신 증거일 것이다.

둘째, 단기간의 기도제목도 중요하지만 인생의 목표를 가지고 반드시 기도해야 한다.

빌사일삼의 정신으로 내가 하나님 앞에서 어떤 목표를 가지고 나의 재능을 드려야 할지 궁극적인 자기 고민이 선행되어야 한다. 공부나 사업이나 다른 여타의 재능들을 무엇을 위해 어떻게 준비하고 사용해야 할지 하나님이 단계마다 친히 가르쳐 주실 것이다. 그 어떤 가정교사보다 하나님처럼 확실하고 신실한 가정교사는 없다. 그 목표가 확정되면 아무리 발 빠르고 효과만점인 방법들이 눈에 띄어도 흔들리지 않고 한길을 걸을 수 있다.

궁극적인 목표를 바라보고 달리는 것과 그저 열심히 하다 보면 어떻게 되겠지 하는 것은 큰 차이가 있다. 하나님께 매달려 열심히 기도하는 가운데 사명의식을 갖고 목표와 푯대를 세워 그곳을 향해 달리는 사람이 되어야 한다.

셋째, 규칙적으로 기도해야 한다.

하루를 쪼개고 쪼개 하나님과 만나는 시간을 반드시 구분해야 한다. 십일조가 모든 경제생활에서 기본이듯이, 기도 시간 또한 반드시 먼저 떼어 구분해야 하는 기본임을 기억해야 한다. 시간을 드리는 것이 나의 초점을 드리는 것이요, 나의 가치관을 드리는 것이요, 결국 나의 하루하루가 모여 일생을 드리는 일임을 나는 의심치 않는다.

기도가 아니고서는 그 능력을 받을 수도 없고 그 모든 것을 행할 믿음도 생기지 않음을 나는 안다. 하나님은 빌사일삼의 말씀을 믿고 "하겠습니다" 하며 주님과 동행하는 이들을 찾고 계신다.

우리를 찾고 기다리시는 주님을 위해 지금 이 순간 이렇게 기도드려야 할 것이다.

"주님, 제게 능력 주시는 주님이 계시기에 제가 모든 것을 할 수 있음을 믿습니다. 말씀을 떠나지 않고, 날마다 기도를 붙들며 주님 앞에 나아가기를 원합니다. 제가 어느 자리에서 어떤 소명을 받아 저에게 주어진 삶을 살아가야 할지 깨닫게 하옵소서. 제 앞에 놓인 높은 산들을 뛰어넘을 수 있는 지혜와 용기를 주시고, 주님께는 불가능이 없기에 제 삶에도 불가능이 없음을 기억하게 하옵소서. 내 생이 다하는 날까지 주님과 동행하며 기도하며 살게 해주시옵소서.
예수님 이름으로 기도합니다. 아멘."

날마다 드리는 우리의 무릎 기도가 주님께 상달되는 그 순간 우리 삶뿐만 아니라 이 세상이 놀랄 만한 은혜의 역사가 일어날 것이다. 그것이 내가 믿는 기도의 힘, 우리가 믿는 기도의 힘이다.